管教的界限
家庭教育的心理学智慧

贾洪武 —— 著

长江出版传媒｜崇文书局

图书在版编目（CIP）数据

管教的界限：家庭教育的心理学智慧 / 贾洪武著
. -- 武汉：崇文书局，2022.9
ISBN 978-7-5403-6793-0

Ⅰ. ①管… Ⅱ. ①贾… Ⅲ. ①家庭教育－教育心理学
Ⅳ. ① G780

中国版本图书馆 CIP 数据核字（2022）第 139313 号

责任编辑：高　娟　申　菲
封面设计：杨　艳
责任校对：董　颖
责任印制：李佳超

管教的界限：家庭教育的心理学智慧
Guanjiao De Jiexian : Jiating Jiaoyu De Xinlixue Zhihui

出版发行　长江出版传媒｜崇文书局
地　　址：武汉市雄楚大街 268 号 C 座 11 层
电　　话：(027)87677133　邮政编码　430070
印　　刷：武汉市首壹印务有限公司
开　　本：880mm×1230mm　1/32
印　　张：7.625
字　　数：160 千字
版　　次：2022 年 9 月第 1 版
印　　次：2022 年 9 月第 1 次印刷
定　　价：68.00 元

序

一天早上，一位家长很紧急地联系我，原因是他的孩子早晨不愿起床去上学，以前孩子也有过偶尔不上学的情况，比如前一天晚上打游戏，睡觉晚了，第二天早晨借故不去，但通常只在家休息一天就继续上学了。这次情况显然不一样，今天已经是第六天在家。而且家长还告诉我，孩子现在开始撒谎，说话不算数，明明头一天晚上还信誓旦旦地向父母保证，第二天一定去学校的，可是真到了时候就变卦。更麻烦的是孩子的脾气越来越差，早晨如果不喊他起床，他就睡着不起，喊他起床他就发脾气。提醒多了，他就指责父母不信任他，这又给了他一个不去学校的借口。我给这个家长安排了时间，让他带孩子来咨询，经过几次心理咨询，孩子终于顺利返回学校了，而且后来再也没有请假不去的情况发生。

这并不是孤例。从事青少年心理健康与咨询工作近20年，我几乎每周都会遇到类似的案例。有一些孩子，他们并不会拒绝上学，但是他们和父母之间的关系很紧张，在学校学习也不那么投入。每当父母提醒他们的成绩需要提高的时候，他们就会说，还有比我差的。没有动力，永远和不如自己的人比，这让父母很着急，又束手无策。而如果父母说哪个孩子做得比较好的时候，他们就会气愤地说自己不要做那个别人家的孩子，有少数争执激烈的，他们甚至会闹着离家出走。

现在问题最多、最普遍的，还是过度使用手机和电脑的问题。这也是让很多老师和家长头疼的问题。一个家长告诉我，家里的手机已经摔了几个了，摔了后过一段时间又买回来，电脑的网线也断了很多回，过后又接回来。因为如果不这样，孩子就闹，持续不停地闹。最后弄得父母在家里战战兢兢、无所适从，软的办法也用了，硬的办法也用了，但都不见效果，不知道怎么做才是合适的。很多家长被诸如此类的问题困扰着，家庭的冲突长期处在一触即发的边缘，家长们心力交瘁、身心俱疲，不知道以后如何对待孩子，如何与孩子对话，如何把孩子拉回生活与学习的轨道中来。

那么问题出在哪里呢？

问题就出在家长不清楚管教的界限。

孩子的心理和行为问题肯定不全是家长的问题，之所以这样说，是因为我们考虑到孩子作为一个独立的人，是具备能动性的，可以对自己的行为做判断和选择。但是家长的教育方式会影响孩子，这一点也毋庸置疑。其实很多家长也意识到了可能是自己的教育出了错，但是鲜有人知道具体错在哪里。

我写这本书的目的就是希望告诉家长对错的边界在哪里，家庭教育的方法如何随着孩子的成长而调整，以及什么是合适的教育，什么是管教的界限。应该说，这本书是一本家庭教育指导之书，也是家长自我教育的成长之书。对于一些孩子已经显现出问题的家长，这本书可以起到矫枉扶正的作用，尽快让孩子回到正常轨道。对于一些希望孩子顺利成长的家长，这本书可以未雨绸缪，让家长在教育孩子的过程中，进退有度，保持觉察。家长少犯错误，孩子就会少走弯路。

古语说，至乐无如读书，至要莫如教子。真心希望这本书的读者，能在书中找到乐趣，找到方法。祝福每个孩子都健康成长，逐梦未来。

贾洪武

2022年于武汉

目
录
CONTENTS

第五章 和睦的家庭氛围

第六章 家校配合

~ 第一章 ~

给孩子适当的关爱

Chapter 1

　　做孩子的盟军，从教育的目标来说，就是要保障孩子在身心健康的前提下，尽最大努力发掘他们的潜能。这就要求做父母的人时刻保持自省，坚持学习，做麻烦的解决者，减轻孩子承受不了的负担，站在孩子背后，做他们坚强的后盾。

物质支持与生活照料

　　说到给孩子适当的关爱，在物质层面上满足孩子，是绝大多数父母都能做到的。在漫长的进化过程中，人类为了适应环境，大脑相对于身体的比例变得比其他动物要大很多，所以才依靠智力在与其他动物的竞争中胜出。但是大脑体积变大了，成熟得自然就慢一些，所以成年人就要花费很多年来照料自己的孩子。从进化的角度来理解，在历史上那些乐于照料孩子的人，他们的后代就更有竞争优势。被精心照料的孩子长大后，有更大的生存空间，会获得更好的工作和更高的社会地位——所以人的竞争从来都是"拼爹"或"拼妈"的。当然，大多数人不是从进化和竞争的视角去关爱孩子的，很多时候关爱孩子只是父母的本能反应。

　　给孩子提供基本的衣食住行的保障，是孩子健康成长的前提。尽管这是一个显而易见的事实，但实际上，生活中还是有一些孩子得不到足够好的保障。有些家庭是因为经济太困难了，有些是孩子的父母不愿意承担养育责任。我们经常会碰到一些孩子，他们不在父母身边，被年迈的长辈带着，生活很清苦。不难想象，在这样物质匮乏的环境中长大的孩子，他们的身体健康、教育水平、未来的发展，会有很大可能低于同龄人平均水平，所以给孩子提供基本的衣食住行的保障，对于孩子的发展是非常必要的。

在今天，得不到基本的物质保障的孩子是少数，绝大多数孩子都有比较充足的物质保障。实际上对于一些家庭来说，孩子的物质保障，不止充足，简直是过度满足了。有两个在教育过程中容易犯的错误，我想和家长朋友们分享一下。

第一个错误：要给孩子最好的。我发现有一些父母总想给孩子最好的——买最好的玩具、上最好的小学、吃最好的、用最好的。家长希望给孩子提供高质量的物质保障，自然是好的，但是我们必须认识到，对于百分之八十的家庭来说，你是没有能力给孩子提供所谓最好的条件的。这一点单从经济条件一个限制就可以知道。父母一味想给孩子提供最好的条件，从情感上是完全能够理解的。但是从实际生活的角度来说，就很容易走进误区。如果我们观察生活，就会发现有一部分年轻人，不考虑自己的经济承受能力，盲目和他人攀比消费，对父母缺少同情心。究其原因，这在某种程度上和他们小时候的经历有关，就是他们在小的时候，没有学会量力而行、量入为出。因为不管家庭条件如何，都要得到最好的，已经成为他们的价值观的一部分了。

第二个错误：没有培养孩子节制的心理。有一些家庭，父母对孩子的要求几乎没有拒绝的能力，以至于过度满足孩子的要求，然而这样没有节制的教育，也会给孩子的心理带来不利的影响。比如我们经常会看到一些任性的小孩，稍加留意就会发现这些孩子在吃零食、喝饮料、买玩具、打游戏等方面是缺少自控力的。造成这样的局面原因很多，比如有的父母自己事情比较忙，没有时间劝服孩子克制自己的愿望，为了不让孩子打扰自己，所以只要孩子坚持闹一下，他们就会满足其愿望。再比如，有些做父母的人在自己的童年有物质匮乏的经历，他们不希望自己的孩子也和自己一样难受，因而产生某种补偿心理，无限制地满足孩子。此外，被不合适的教育观点影响也是原因之一，比如有些人会认为只要快乐就好，所以一切教育标准以孩子的情绪愉悦为标准，这样不知不觉就忘记拒绝孩子的不合理要求了。另有些家庭纵容孩子则是爸爸妈妈，甚至还有其他带孩子的老人教育观念不一致，最后为了家庭不争吵而妥协的结果。原因不一而足，但结果都是没有让孩子养成节制的心理。

没有学会节制的孩子，在学龄前看不出有什么问题，但是入学后很多问题就显现出来了，比如不能安心听讲、坐不住、写作业拖拉等，这些都和他们在小时候没有学会节制有关。所以教育孩子，一定要绕开这些误区。

关于自我节制方面，这里还要补充一点，我在做青少年心理咨询的过程中发现，有很多学习偏科的学生，同时还有偏食的毛病。尽管我没有做更科学的统计，但是经验告诉我这两者间可能有关联。如果分析原因的话，我想也是和孩子自我节制的愿望有关。人在小的时候，难免有各种各样的饮食偏好，比如喜欢吃鸡腿、不喜欢吃鸡蛋，喜欢吃肉、不喜欢吃青菜，等等。有些家长会从营养均衡的角度考虑，想办法纠正孩子的偏食习惯，但是另一些家长就不会认为偏食是问题，反正孩子喜欢吃什么，就多做什么呗。其实如果只是从营养的角度来看，孩子不吃某些食品，也未必就会营养不均衡，所以也没什么大碍。但是从心理的角度理解，问题就不一样了，偏食的孩子很可能会得到这样的一种信念：我可以只做自己喜欢的事情，我不喜欢的事情，就可以不做。所以我常常发现，这样的孩子长大了以后，与人交往的时候缺少商讨、圆融的那部分特质，而且在学习和生活中，会习惯性地拒绝承担责任，比如努力学习、不偏科、培养自己的独立性等。因为对他们来说，那些事都是他们不想做的，所以完全没有理由要求他们做。

以上我简单说了常见的两个误区，其实教育是需要遵循科学规律的事情，任何违反规律的教育，都可能带来不好的近期或者远期后果。所以作为家长保持学习、自省和独立的判断很重要。

　　人的自我由三个部分组成：物质自我、社会自我和精神自我。给孩子物质支持与生活照料，就是为了这三个自我可以顺利发展。一个人有我的概念最早就是物质的自我，包括人的身体、相貌以及玩具等私人物品，这些都是物质自我的一部分。当属于一个人的东西被别人拿走了，这个人就会产生不能割舍的感情，这是因为那个被拿走的东西，其实在心理上是构成他完整的自我的一部分。有一个初中女生，总是觉得妈妈对自己不好，而对表妹好一些。问她为什么有这样的想法，她说每次她表妹来自己家，她妈妈就会把给她买的蛋糕、饼干拿出来给表妹吃，都不征求她的意见。妈妈说她不懂事，这是招待客人。她很生气地认为，招待客人可以，但是不要用我的东西招待。这就是典型的物质自我没有被很好地保护而产生的情绪问题。但也有反例，一个小学生，很小的时候就被妈妈教育要学会分享，要把东西分享给小朋友，这个孩子也确实做到了。可是他上小学以后妈妈的烦恼就来了，因为他每天放学回家不是铅笔没了，就是橡皮不见了，最初妈妈以为孩子不会收拾文具，落在学校了，让孩子第二天上学去找，后来才知道这些东西都被他分享给同学了。这样的分享行为持续了差不多一个学期，最后还是求助老师，老师要求他周围的同学不许接受他的分享，这才告一段落。因为妈妈的教育，导致孩子没有形成正常的物质自我的观念，所以在孩子小的时候要允许孩子"自私"一点，等到他们长大了，一般到小学三四年级以后，社会自我开始快速发展的时候，再教孩子"分享"也来得及，而且正是时候。社会自我发展后，孩子就会开始在意别人对自己的看法，开始交朋友。所以在小学三四年级以后的一段时间是孩子发展友谊的关键期，这个关键期如果没有交到几个好朋友，将来就更难了。精神自我到青春期前后才会快速发展，这是价值观、态度、兴趣等人的内部价值发展的关键时期，这时候的孩子多愁善感，爱写小说，也都是正常的表现。

照料孩子，就需要理解孩子在不同阶段的发展需求，同时需要遵循一个适度原则。有些不幸的孩子，尽管有衣服穿、有饭吃，但是却得不到周到的照料。几年前我曾经遇到过这样一个学生，他当时上小学六年级，父母离婚后他和爸爸一起生活。有一年过年，在大年三十的晚上，他爸爸出去打牌，把他一个人留在他爸爸单位的宿舍。晚上他自己做了晚饭，一个人简单吃了，宿舍里没有电脑，也没有电视，更没有网络，晚上他就一个人过了年三十。其实没有这些东西还不是最主要的，关键是晚上一个人既孤单又害怕，这才是最难过的。第二天，大年初一，他爸爸还没有回来，他就锁上门去找他的妈妈，走了一个多小时的路，他找到了已经再婚的妈妈的新家。他想在妈妈家过个年，但是令他没想到的是，他妈妈特别不想他来过年，给他吃了一点东西后，拎着他的衣领，把他丢出了门外。这个孩子非常沮丧、万念俱灰，当时他就产生了轻生的想法。在充满节日气氛的街上，漫无目的地走了两个小时以后，他来到了一个楼顶。但是毕竟他还有求生的愿望，万幸的是这时候他想起了他喜欢的班主任，于是他在楼顶上给班主任打了个电话。更幸运的是，他的班主任是一位非常有爱心的老师，在班主任的劝慰下，这个孩子终于从楼顶走了下来，后来他被班主任接到家里住了一周，在老师家里过了一个难忘的春节。我想不用多说什么，我们都能感受到这个孩子的不幸。当然这毕竟是极端的例子，生活中这样的事情并不常见，但是如果我们注意到一些留守儿童，就会发现，他们中的很多人都没有得到良好的照料。

没有得到良好照料的孩子，很容易变得没有信心、没有安全感、对未来不抱有希望、缺乏目标和梦想、表现出厌恶学习的样子等等。这些状况发展的后果，即便不是专业人士，也不难想象。所以出于对孩子负责的角度考虑，给孩子良好的照料是非常重要的。

另外一个极端是把孩子照料得太好了，以至于孩子什么都不会做。今天城市里很多家长把孩子生活的所有事情几乎都承包了，孩子只管负责学习。不得不说，现在最辛苦的其实就是中小学生，他们每天很早起床、很晚睡觉，孜孜不倦地上课、补习、写作业。有些家长看到了孩子学习的辛苦，就把孩子的生活琐事都做了，为的是留出尽可能多的时间让孩子来学习。但是对于这一切，孩子们似乎并不领情。他们不但不知道"感恩"，反而对父母有很多不满。其中原因，仔细分析也不难理解。孩子也是人，作为一个人，他需要什么呢？他需要自由、需要尝试、需要成就感。可是生活中，他除了学习什么也没机会尝试，哪里来的探索，哪里来的成就，没有成就哪有成就感。所以父母替孩子包办一切，从表面上看是照料孩子，其实从本质上说是暗暗剥夺了他们锻炼的机会。

现在有很多父母经常抱怨孩子不关心人，对人缺乏感情，没有同情心，其实原因就在于在孩子还小的时候，他们没有给孩子表达关心的机会。有一个家长给我讲过这样一件事情，他一直认为自己的孩子是个自私的人，都高二了也不体谅父母的辛苦，对人也不关心，但是现在孩子变了，变得非常懂事。原因是在新冠肺炎疫情期间，他们家三个大人都感染了，当时只有孩子一个人是健康人。所以照料全家人生活和治疗的任务全都落到孩子一个人身上，不管刮风还是下雨，孩子每天都要骑自行车出去买药、买菜，回家还要做饭，做家务。幸运的是，他们一家人最后都康复了。但是明显的，在那之后，孩子对家庭更有责任感了。其实很多孩子对家里的事情漠不关心，只是因为他们一直被父母隔离在外。父母一方面什么事情都不让孩子做，另一方面又抱怨孩子一杯水都不会自己倒。而孩子刚想做点事，马上又会被父母责备，不是说做得不好，就是说耽误了学习的时间。如此，那孩子自然是带着愤怒什么也不做了。所以鼓励孩子从小就做些力所能及的事情，对他们的身心健康发展是非常有利的。

给孩子想要的关怀

理解孩子的心理需求

我曾经遇到一个这样的学生，在他读高一的时候，因为拒绝上学，被父母带到我这里做心理咨询。在咨询过程中，有一件事深深震撼了我，这个学生说他找不到自己的家，我问他，在这个家里住了多少年，他说，从小他就住在这里。他很愤怒地说，他从来没有单独一个人出过门，从来没有和同学一起去市里其他地方玩过一次。从小学到初中，每次出门都是他爸爸或者妈妈开车带他出去，他只知道从家里停车场出去的一条路。不用说，他不会坐公交、不会坐地铁。为此他感觉很愤怒也很羞愧，因为他很羡慕那些拿个公交卡就可以到处走的同学们。不难猜测，孩子的父母听到这些也很震惊，因为在他们看来，他们给孩子找的都是最好的学校，当然最好的学校离家有点远，所以他们为了孩子上学放学方便，孩子的妈妈都放弃了工作，每天就负责开车接送和做饭洗衣。平常也没看到孩子表现出不满，没想到孩子竟然这样愤怒和压抑。生活中有很多"没想到"，很多教育方面的错误就是因为这些"没想到"造成的。父母一片好心，结果做的却是错事，所以父母也感觉很委屈。其实根本原因是出在做父母的不了解教育的规律，不清楚孩子的需求。给孩子想要的关怀，这不是一句口号，这是每个父母都应该铭记于心的教育指导原则。

孩子需要的是成长，探索世界，可是父母给予的却是无微不至的照料和保护，这与孩子的需求背道而驰。这种南辕北辙式的教育，隐患自然很大。了解青少年心理发展规律，倾听他们的心声、理解他们的需求，只有这样才能给他们想要的关怀。我在前文提过，不同阶段孩子的自我发展重点是不同的，所以需要在父母这里得到的支持也不同。大约小学三年级以前，孩子重点关注物质自我。从小学四年级开始到青春期，重点在于社会自我，青春期重点在于精神自我。一个出门找不到家的孩子，社会自我和精神自我都没有得到好的发展，其苦闷程度可想而知。

每个孩子都有天生的成就动机、亲和动机和权利动机。家长在教育孩子的时候，需要兼顾孩子的这三种动机需求。有这样一位家长——吴女士，吴女士的孩子小何在我市的某省示范高中读高三，因他就读的学校在我市较知名，常被认为是"尖子集中营"，因此吴女士在亲朋好友中备受关注。不少熟人都会问小何成绩如何，吴女士只说能上985，便再不多提一字。但实际上，小何的成绩只是高出一本线没多少。小何上高三，吴女士就辞职在家，一心一意地扑在孩子身上。吴女士平常跟孩子说得最多的话就是"你能上985，你是最棒的"。而小何面对母亲的鼓劲，却不觉得这是鼓励。吴女士说，感觉孩子的脾气越来越大，没事就跟她吵。"我不告诉他家里的事情，让他安心读书，我全是为他好啊。"吴女士这样认为。

太弱或太强的成就动机，都不利于成长，也不利于孩子取得好成绩。太弱的成就动机，会随遇而安；太强的成就动机，会造成巨大的心理压力，可以压垮一个人。名校就读，当然享受了名校的光环，但是如果在这样的学校里成绩不够好，其心理承受的压力也是十分巨大的，小何就是这样。小何心里知道妈妈是为他好，但是妈妈又完全不理解他，同时妈妈牺牲了自己的生活，所做出的无谓付出又徒增小何的心理负担，而这些心里话还无处可说，所以他才苦恼，愤怒。

每个孩子都有几种自我知觉：现实的自我、可达到的自我、理想化的自我和不想成为的自我。有一些孩子对现实的自我很满意，并不想有什么改变。另一些孩子对现实的自我不满，并总想改变现状。那些幸运的孩子，考虑到了自己的现状，努力发展自己的潜能，去追求可达到的自我，这个过程他们不断设定小目标，一个一个实现，总是很有成就感。另有一些不幸的孩子，没有充分认识自己的现状，去追求一个理想化的自我目标，结果这个目标太过高远，经常被挫败沮丧的情绪包围，时间长了他们的内心就产生了深深的无助感。所以制定目标必须避免理想化。

帮助孩子获得友谊

远亲不如近邻，对于上学的孩子来说，和他们待在一起时间最长的是同学。所以能在同学中发展几个关系好的伙伴，对于孩子的身心健康有诸多好处。我有一个学生，她找我咨询的时候已经是大一的学生了，她告诉我不想读书了，太痛苦，因为在学校里没有一个朋友，每天上课、下课都是一个人走，让她最接受不了的是，每天吃饭都是一个人。这种深入骨髓的孤独，让她几乎发疯了，她感觉自己是个怪人，是个多余的人，有很多次都想一死了之，但是因为怕疼没有采取行动。后来我才知道她为什么没有朋友。在读幼儿园的时候，她和小朋友有几次冲突，回家和妈妈哭诉，妈妈就告诉她，不要和小朋友一起玩儿，自己玩儿就好了。她听了妈妈的话，果然冲突就少了，而且回到家里有妈妈在，她也不觉得有什么不妥。到了小学，她妈妈告诉她，小学生都不懂事，没有人可以在小学交到真朋友，好好学习，到初中再找好朋友，她又听从了妈妈的建议，觉得没朋友也挺自在，只要自己学习好，老师喜欢就行了。到了初中，她是真的想交几个朋友了，妈妈这时告诉她，初中的主要任务是中考，上了高中再找朋友。那时候人都成熟了，于是她埋头学习，考进了不错的高中。到了高中，她感觉自己没朋友是不正常的，她妈妈又来告诉她，人生最关键的就是高中，高考过后，上了大学天高任鸟飞，那时候交到的都是高素质的朋友。可是这次她已经不能说服自己了，强烈的孤独感，导致她无法专心听课，无法专心学习，成绩也随之下降。伴随着成绩下降，她的妈妈更加坚定地阻止她和同学交往，因为她妈妈认为就是她总想和同学说话，才导致分心，成绩不好的。结果她度过了一个压抑的高中，以很普通的成绩毕业了。转眼到了大学，她满怀憧憬想在大学交几个朋友，可是上了大学她才发现，自己根本不会与人交往。在很多时候自己都像一个"白痴"，这深深地打击了她的自尊。几次尝试后，只好走向了自我封闭的路，但是她的内心并不平静，她苦闷、失眠、焦虑，并一度怀疑自己得了抑郁症。

心理学家马斯洛研究人的普遍的基本的心理需求，其中生理需求、安全需求、爱与归属需求、尊重需求都与他人有关，都不是自己独立可以实现的。我很痛心地看到一些家长，非常不科学地追求学习成绩，而忽视了帮助孩子获得友谊，其结果是孩子最终在学业上没有成功，心理还出现了障碍，结果是得不偿失。也有个别家长在指导孩子学业上倒是成功了，但是到头来却发现孩子在工作后处理人际关系方面遇到很大障碍，成年后恋爱和婚姻也不顺利，这都是忽视了孩子的友谊需求的后果。

给孩子足够的阅读时间

因为常年做心理咨询的原因，所以我有很多机会和青少年深度交流。在交流的过程中，我发现有很大一部分孩子思想和认识的"浅薄"达到了令人震惊的程度。少数看过一些课外书籍的学生，时间也基本停留在小学六年级以前，上初中之后就基本没看过什么有价值的书籍了。现在的中学生缺乏的是什么，以我的观察，他们最缺乏的是阅读和交往。

关于阅读的价值，我想很多人都很清楚。阅读可以增加人的间接经验。因为人的活动时空是有限的，一生所能亲历的事件毕竟不多，因此间接获得知识和信息就非常重要。而阅读恰好是获得间接信息的好方法。

但是今天的现实情况是，阅读活动也面临着巨大的竞争。

从形式方面来谈，视频是最大的竞争对手。视频因为其画面声音动态结合的特点，最能吸引人，所以人的注意力很容易被视频吸引而放下书本。通过视频获取信息有巨大的优势，直观且信息量丰富。但是视频也有缺点，那就是它用视觉语言代替文字语言的时候，也改变了人加工信息的方式。有研究表明，人在看视频的时候，更倾向于简单接收，而不像阅读书籍时更容易引起思辨。所以可以认为看视频是比较节约脑力的，这也是视频的吸引力所在，但不用脑也正是其缺点所在。

从时间方面来看，游戏是阅读最大的竞争对手。游戏作为继视频之后的又一种表现形式，因为它增加了与人的交互性，人在其中能体会更多的参与感和控制感，同时游戏的奖赏机制，对人也是有巨大的影响。以目前有限的观察来看，游戏对人的负面影响还是比较明显的，比如情绪的改变、行为的改变、人际关系的改变、人格的改变等等。被游戏占据了时间的人，其话题和思考都会变得单调。

从内容方面来看，虚拟文和架空体是阅读的最大竞争对手。本文的阅读指的是传统的，以文、史、哲、社、科为主的写实的书籍。这类书籍的内容和人类历史的经验最为接近，或者就是人类历史经验的准确记载。人在阅读这类书籍的时候，不知不觉就增加了对人类社会的认识和了解。这些书就相当于人类行为指南，看多了指南的人，在融入社会的过程中就会更顺畅一些。而虚拟文，则是脱离现实的一种创造，主要功能是满足人的猎奇心，很难增加人对真实社会的了解。可见只是阅读还不够，阅读的内容也很重要。

现实情况是怎样的呢？据我观察，在小学阶段目前还有一些学生读过不少书，但是到初中以后就鲜有学生也鲜有时间阅读了。这不能不说是一种遗憾，因为初中、高中乃至大学阶段，正是人的大脑发育成熟，人生观价值观形成的阶段，也是摄取知识的黄金时段。

有一种心理学观点认为，个人特质决定于环境因素。个人在行为上表现的特质，主要是在社会情境中经由自己的认知历程所学到的。个人、行为、环境三个变量交互作用，阅读是影响一个人认知的重要因素。所以阅读实际上塑造了人，阅读使人远离浅薄，变得丰富。

或许有的父母会提出疑问，以前很多人都没有读过书，难道他们都是浅薄的人吗？当然不是。这就是前文所述，人际交往的价值。人际交往是人的直接经验的来源，不阅读，缺少间接经验；不交往，缺少直接经验。

儿童没有多少人生经验，他们可以很顺畅地生活，可是一个没有人生经验的成年人，就举步维艰了。因为人的本质是社会化动物，社会化的一个特点是合作，不能顺利参与合作，就不能顺利生活。而从心理学上来看，人都是需要群体接纳、群体认同的，人也需要在与人互动的过程中认识自己，明白自己的位置。没有交往，人就缺少了参照物，就会迷茫。

至此我们可以得出结论，一个既不喜欢读书又不愿与人交往的人，必定是一个思维浅薄的人，他社会化程度不足，心理发展停滞，心理健康也会受到影响。

成年人心理不健康，会表现在工作和家庭生活方面不顺利。青少年心理不健康会表现在学业上面的困难，厌学甚至辍学。所以希望心理不健康的孩子有好的学习成绩是不太现实的。由此可见，无论是从功利主义出发，考虑学生的学业，还是从人道主义出发，考虑人的幸福，阅读和交往都是不能缺少的。阅读、交往、学业、心理健康，人只有平衡发展，才会有更美好的未来。

不要轻易要求孩子感恩

我有一个学生小徐问我，为啥她爸爸每次在她不听话的时候就说她不懂得感恩，她不明白为什么那么多人每天把感恩挂在嘴边，感恩到底是个什么鬼？

确实这些年感恩教育似乎成了社会的主流，仿佛一夜之间中国人都变得自私起来了，都需要别人苦口婆心地劝导，要知足、要感恩。更有甚者，有的学校还专门请人给学生们上课，他们煽情的表演更是催人泪下。一些做老师和做父母的人尤其喜欢这样的课程，因为立竿见影的效果就是他们可以享受学生或者孩子的回报了，他们更顺从，更愿意对老师或者父母表达敬意。

但其实感恩对很多孩子来说却是一件套在心里的枷锁。感恩文化的假设是"我亏欠别人的，所以我有义务要还"这样的。这是一种让人内疚的文化，让人矮化自己的文化。从某种意义上说，越是强调感恩的人，越是觉得自己对别人做得够多了，暗示别人要给自己回报。父母要孩子给自己回报，是不是可以理解成父母对孩子的爱其实就是一种"投资行为"。所谓父母对子女的无私的爱，根本就是一个谎言。是不是可以这样理解：只要他们期待着回报，他们就是一个投资者。

小徐苦恼就在这里，从表面上看，她爸爸对她的要求很合适，教她成为一个成熟的社会人，但从内心里，小徐感觉到的是她对爸爸的亏欠和她爸爸用亏欠对她的控制。这种控制在她爸爸那里理解就是"教育"。正因为这沟通的不一致和理解的差异，才造成他们之间的冲突。

如果父母希望自己的孩子将来能成为一个有独立人格、有独到见解、心理阳光健康的人，那么就不要在他们还小的时候，给他们套上"感恩"的枷锁，让他们欠下道德的债务。教孩子明辨是非，承担责任，有爱心有同理心，做一个自由健康的孩子，才是应该追求的教育目标。

培养孩子健康的人格

读书是对人的智力的检验，也是对人的心理健康的检验。而一个人最终的成就和幸福，主要取决于心理健康。对于一个学生来说，良好的心理健康状态，意味着有好的成绩、好的性格、好的人际关系和美好的未来。

自律，只有自律的人，才会获得真正的自由。

心理学家科尔伯格通过多年对儿童的观察和研究发现，儿童的道德发展是有一定规律的，简而言之就是从他律到自律的过程。他律，顾名思义，就是我们要受别人的管教和约束；自律，同理，就是我们自己约束自己。人只有在自己能约束自己的情况下，才会感觉到自由和独立。而自由和独立的前提就是人要做负责任的决策。什么是负责任的决策呢？就是做一件事情的时候，不但要考虑自己的利益，同时要兼顾别人的利益；不但要考虑自己的想法，还要考虑别人的想法；不但要考虑到短期的后果，还要考虑到长期后果。如果一个人能做到这些，我们就可以说他是一个负责任的人、一个自律的人。对于学生来说，也唯有如此，才会被家长和老师信任，获得更多的自主权。所以我们才经常说，只有真正自律的人，才是真正自由的人。

希望，希望是前行的灯塔，没有希望将在黑暗中迷失。

如果只能在希望、勇气、努力、坚持等这些心理状态中选择一个，那无疑是希望，因为只要有希望，就有未来。我们发现有很多同学厌倦读书、想躺平、想放弃，这些同学的一个共同特点就是——心中渐渐失去了希望。他们对自己的学业、成就、未来不抱希望，所以不愿意在行动上付出。希望和行动是息息相关的，那么是先有希望才有行动的，还是先有行动才有希望的呢？对于一些同学来说，是先有希望的，他们相信自己可以做得更好，所以就更努力；而对于另外一些同学来说，则是先有行动才有希望的，他们因为付出了努力，才看到胜利的曙光。所以，希望不是等待来的，希望是创造出来的。

延迟满足，虚拟的成就不能弥补现实的无助。

每个人都有需求，需求如果得不到满足，会让人感觉失落、沮丧，甚至悲伤和愤怒。但是，是不是有了需要就要马上满足呢？当然不是。有很多时候，人是需要耐心等待在合适的时机满足自己的；不能等待的人，是不成熟的、是幼稚的。众所周知，每个人都需要被别人重视，需要有成就感，可是成就感需要有成就才能获得，而获得成就往往需要艰苦的努力和耗费大量的时间。比如取得好的成绩，学会弹一手好琴，画一手好画，都可以让人获得成就感，但是这些成就需要经年坚持不懈的努力才能获得。有些同学发现了其中的困难，于是试图寻找捷径，他们发现打游戏、娱乐的时候，成就感来得比较快，于是就一头扎进游戏和娱乐中去了。这样做当然马上就有了很好的体验，但是别忘了，虚拟的成就不能弥补现实的无助，最终你很可能因为在现实中的失败而逃避现实。所以，培养自己的耐心，通过持续不断的努力来获得成就，延迟满足，才会让你拥有现实的成就和真实的幸福。

爱，有道德感的人更幸福。

当一个人心里有爱的时候，他是幸福的；当一个人心里有恨的时候，他是痛苦的；当一个人心里有怨的时候，他是愤怒的；当一个人心里有难的时候，他是悲伤的。爱是对他人对世界抱有善意和关心，当一个人关心别人的时候，他自己必定也会获得更多的关心，而被关心是一个人自我价值的重要来源。这个世界上，如果每个人都关心别人也都被别人关心着，那生活在这个世界里的人就是幸福的。心理学研究表明，有道德感的人更幸福，因为他们不孤独，而且会经常感受到自己的崇高。一个不愿意对其他人付出感情，不愿关心别人的人，就只有向他人索取这一条路了。但几乎没有人能够总是索取又总是得到，最终他会因为索取不到而心生怨恨，在孤独中自艾自怜。所以如果希望被爱，必须自己有爱，唯有爱才能换取爱。

马克思说，哲学只是解释世界，问题在于改造世界。套用马克思的说法，心理学只是解释生活，问题在于改变生活。所以，只是知道了心理学的原理还不够，只有用心理学的原理指导自己，见贤思齐，见不贤而内自省，才会拥有幸福的人生。

理解尊重与人格平等

我在做心理咨询的时候发现，青少年和父母之间的冲突，最主要的是互相都觉得不被理解，互相都觉得不被尊重。孩子认为父母不理解他们这一代人的特点，父母认为孩子不理解自己的苦心；孩子觉得父母不尊重自己的观点、隐私和人格，父母觉得孩子不尊重自己的劳动和付出，甚至出言不逊。

我认为家庭教育中最难的一点就是理解和交流，其中尤以互相理解为最难，所谓"暗而不明，郁而不发，天下之人，各为其所欲焉，以自为方"。以自为方，就是以自己或自己的意志为标准，这也是最难破除的认知障碍。

以写作业为例吧，一个初中生抱怨作业太多了，导致他没有玩儿的时间，这是不是很常见的现象，就是很常见。他觉得这是一个问题，于是他就想出一个应对方案——想办法拖延，应付着写，找到机会就玩儿一会儿手机，父母认为这孩子的行为很有问题，于是就要想办法改正他的错误。所以你看，父母以为是问题的行为，正好是学生想出来的应对问题的方案。

父母被孩子的行为刺激，难免会发火，情绪不稳，想出各种惩罚措施，久而久之就破坏了亲子关系，最重要的是教育的目标也没有达到。

这是这家父母能想出的最好的教育方案，可想而知毫无收效。终于有一天，这一家人意识到问题失控了，于是他们找到一个心理医生，心理医生一眼就看出了家庭互动中的问题，直言不讳地指出了家庭教育失败的原因。所以，父母费尽心思想出的措施，到心理医生这里又成了问题。父母当然感觉委屈，对心理医生的话半信半疑，抱着姑且观之的态度，试探性地打交道。

心理医生的方案是建议给孩子一些时间，培养他的自律性，让他的心理获得成长，然后当心智成熟了，他就会对自己的事情负责，就有可能取得好成绩了。心理医生感觉很得意，因为他们的观念学生很认同，学生觉得找到了知音，自己想玩儿这件事被正名了，而且父母也变得看似宽容了许多。可是学校老师不这么认为，他不相信有爱学习的学生，老师认为学习好的学生都是大量的练习练出来的，学生现在不写作业，将来工作了就可能不完成任务，最主要的是他不可能考上好大学，其实也不会有好工作，所以老师坚持要给学生留自认为合适多的作业，并且要求家长监督。最后还不忘了警告家长，你们的问题就在于对孩子太娇惯，如果你的孩子你不管，那将来老师也不管了。老师的话让家长觉得既惧且寒，并且他们深以为然，于是又默默地承担督促孩子写作业的任务。

学生心里的解决方案，家长眼里就是问题；家长心里的解决方案，心理医生以为是问题；心理医生给出的解决方案，老师以为是问题；老师的解决方案，学生以为是问题。概括来说就是，一个人的解决方案，就是另一个人眼中的问题。

这似乎是一个循环无解的难题。事实上在很多家庭中，就这样一直循环着。这就是互相不理解的后果。

再说一个例子，这是关于孩子性格的。我遇到一个这样的学生，她的表现是拖延、无所谓，写作业总要拖到最后一刻，而且写的质量还不怎么样，成绩在班级中下等，而且还有下降的趋势，无论父母怎么说，就是无动于衷。可以说，这个学生无论在老师眼里，还是在有点正义感的家长眼里，都是罪无可赦之徒。但这种印象是在你不了解她父母的性格是什么样的时候得出来的，如果你知道她的父母是什么样的人，就会改变观点，对这个孩子从怒其不争，转为哀其不幸。她的父母在我眼中看来，就是那种非常自负、非常强势、非常有优越感的人，他们以自己过往的奋斗史为自豪，以自己现在的成就而自豪，以自己道德上的无可挑剔为自豪，以自己的孩子如此不类己而伤悲，以自己的孩子如此不争气而懊恼。家长朋友们看到这里，可能会觉得，为自己感觉自豪没毛病啊，有道德没错啊。初看的确没什么毛病，可是如果你和他们生活在一个屋檐下，就会发现问题了。在这个家庭里，父母永远代表道德的制高点，而孩子总处在道德的低洼地，如果一个人从孩提时代起就在这样的氛围里生存，每天被无数次批评和指责，要想保持住自己那脆弱的独立和自尊，需要怎么办？不能直接对抗，只好阳奉阴违，于是她就落得了一个不诚实的名声；她不愿认同，又无力否认，只好拖延，于是她就养成了一个磨蹭的习惯；她不愿每天被批评，又无力逃离，只好忽视他们的指责，于是她就变成了一个自私、不懂事且无可救药的人。

父母以为的问题，其实都是孩子发展出的解决方案。我们当然都不想自己的孩子变成这样，那么，解决方案在哪里？钥匙在哪里？答案就在放弃"以自为方"，钥匙就在"体察理解"。

任何事情的发展都有其内在的规律，提高学习成绩有规律，孩子的人格成长有规律，家庭教育的方式有规律。规律就在那里，但是它不会自己走出来，它需要人放弃先入为主的观念，放弃对自己无条件地认同，放弃"以自为方"，用开放和接纳的心态去发现不同于以往的状况和方法。

或者我们可以这样说，那些失败的教育，都是违背了教育规律的教育。如果这个观点成立，那么那些觉得自己的教育失败了的家长，是不是就要检讨自己的教育方法呢。其实大多数父母是知道理解的重要性的，只是做起来比较难。他们总感觉，如果对孩子理解了，他就会得寸进尺，父母看着点滴流逝的时间，为孩子进步太慢而着急，最后又不得不回到"以自为方"的道路上了。其实之所以说教育规律、心理规律，是因为这些规律一定是有普遍性的。心理学是关于生活的科学，心理学的结论都是来源于对生活的观察和分析，只要按照合适的方式，一定会有合适的结果，只是这个结果未必有家长期待的那么快。这就涉及心理学中的一个术语"延迟满足"，如上文提到过的，延迟满足用通俗的说法和耐心差不多，就是要有耐心等待成功和满足在未来实现，而不是想到什么就急不可耐地想要马上实现，没有被即时满足时又很快失了方寸。

造成父母和孩子之间冲突的另一个重要原因是，孩子觉得自己的独立人格没得到尊重。这也未必是父母不想尊重孩子，而是因为在我们的社会里，传统的家长制的教育观念还有一定的市场。尤其是在把"孝顺"看得很重要的家庭里，忽视了孩子人格的独立性，两代人之间的冲突尤其明显，而冲突最主要的爆发时间是孩子在青春期的前后。所以在人格上承认孩子的独立性，是顺应时代潮流的做法，这也是社会进步的体现。父母给予孩子充分的尊重，同时也要求孩子给予自己充分的尊重，建立在互相尊重的基础上的亲子关系，既有理又兼顾了情，这才是现代社会一种比较健康的家庭人际关系。

首先是人，然后是孩子

很多父母有这样一种感觉，和别人家的孩子交流很好，到了自己家就不灵了；很多孩子也有这样的感觉，父母对别人家的孩子总是很宽容，有理性又智慧，到了自己这里就不讲理，又情绪化。作为一个家长，我在生活中也曾有类似的经验，后来我就思考，为什么会这样，我发现有一个很重要的原因就是我们不自觉地把别人家的孩子"当人"，而没有意识到自己的孩子也希望被"当人"。只要不是一个界限不清的人，见到同事的孩子在打游戏，肯定不会把手机没收了，然后教导他去写作业。他大概率会和孩子聊几句关于游戏的话，甚至还会分享一下自己打游戏的经历，获得孩子的好感，然后不忘找一下孩子的优点表扬几句，诸如游戏打得好那也代表聪明之类的话，最后还要和同事说明一下孩子不错，要好好培养之类的话。但是遇到自己的孩子打游戏，大多数家长直接就火冒三丈了——是不是很写实，其实这就是区别。大多数人和别人家的孩子交流的时候，都把孩子假想成"小大人"，然后才开始交流。那么作为一个人，孩子需要什么呢？他需要被了解、被信任、被关注、被尊重等等，得到了这些，孩子才会投桃报李，也给予别人理解、信任、关注和尊重。所以这是核心，尽管是父母，是成年人，也有必要把孩子当"人"看，只有意识到他是一个独立的、有自我观念、不同于任何他人的人，才会想到给予他应有的待遇。而那些感受到来自父母的尊重的孩子，在自信心和品行方面的表现都会更令人满意。

但是只是意识到孩子是独立的人还不够，还要考虑到他们是孩子这个事实。实际上很多父母就是因为时常会遗忘孩子还是孩子的事实，才和孩子产生冲突的。孩子不是缩小版的成年人，他们冲动、好动、幼稚、情绪化、做事不能坚持，这不正是他们的特征吗？但是很多人会忘记这一点，内心里不自觉地期待自己的孩子沉稳、安静、成熟、不哭不闹，还做事持之以恒。这实际上违背了儿童的生理和心理发展的规律，这是因为父母不自觉地把孩子理性化了的结果。所以给孩子想要的关怀，必须时刻注意到他们的年龄，别忘了，他还只是个孩子。

建立孩子的自信心

很多人一生都被自卑困扰着，承受精神上的折磨和事业上的失败。与自卑相反的就是自信，自信的养成是在人很小的时候，通常一个人的童年和青少年时期的经历，对人一生的自信心有至关重要的影响。我有一个学生，高中读的是重点高中，大学读的是重点大学，人长得也不错，自己的知识也很丰富。尽管有这么多成就和优点，但是唯独他自己没有信心，总担心未来会一事无成，总担心自己没有魅力，晚上经常在很黑暗狭小的房间里独自一待就是几个小时，不和人说话，到他找我咨询的时候，人已经在抑郁症的边缘了。不了解心理学的人就会很费解，他的条件那么好了，怎么还不知足呢。其实这个和知足无关，也不是他自己在作。他没有自信是和他在很小的时候与父母分离有很大的关系。我们都想让自己的孩子成长为一个充满自信的人，对于一个孩子来说，自信不是凭空产生的，最初且最重要的来源，当然是家庭。

父母的关爱

一个人最主要的自信来源于父母的精心照料和关爱。比如说一个人刚出生，有一天他突然被什么声音吓到了，他没办法说话，就只有哭。

如果做父母的比较细心，发现他是害怕了，赶紧过来把他抱起来，拍拍他，安慰一下他，他就会觉得，嗯，没事，我是安全的。假设他的父母比较粗心，并没有意识到他是被吓到了，赶紧给他吃点奶，他也不哭了，他的注意力被转移了，但是他的恐惧感未必就消失了。这就是最初的安全感的建立。等到他大了一点能说话了，能走动了，每天都有父母陪伴，父母给他讲解各种事情，帮他避免危险。他的安全感又多了一些。等他再大一些，可以表达更多的思想了，开始更多的探索了。父母还能很有耐心地陪伴他，鼓励他，他的安全感就会更多一些。在这样的环境中长大的孩子因为没有太多可怕的经历，他们就会对自己产生信心，对父母产生信心，对环境产生信心。这就是自信的基石。

这个基石非常重要，是一个人一生的心理基调。最理想的情况是父母无条件地爱自己的孩子，孩子不需要做任何事情，他就能得到父母的善待。当然这不是说就要溺爱孩子，当孩子犯错误的时候，父母的批评和惩戒，并不会破坏孩子的安全感和信心。相反被溺爱的孩子才更容易没有信心。举个例子，我曾经遇到过一个孩子，这个孩子在家里被父母和外婆一起带着，因为这个孩子出生后有一些身体上的问题，所以家人就特别溺爱他。平时对他的愿望尽量满足，他心情不好，不让外婆坐下，外婆就站着，孩子的妈妈也只会说一句，这孩子怎么这么不懂事呢，但是仅此而已，并不会在行为上制止他。因为他在家就像个小霸王一样，家人一度认为，这个孩子上学了肯定是个孩子王，不好管教。结果令人大跌眼镜的是，这个孩子后来特别害怕上幼儿园，特别害怕小朋友打他，特别害怕老师批评。这是因为他长期被溺爱，没有经历过对抗和挫折，也不清楚人与人之间的相处规则。结果外强中干，遇到真正敢于和他对抗的人，他马上就气馁了，恐惧感占了上风。所以在这里需要特别说明，无条件的爱不是溺爱，无条件的爱不是不讲规则的爱。

给孩子适当的关爱

有句古语云，父母之爱子也，则为之计深远。从长远的眼光来看，建立规则和无条件关爱两件事是要同时做到的。孩子有清晰的规则，他们就知道做什么事情是被允许的，做什么事是不被允许的，做什么事是会被表扬的，做什么事是要被惩罚的。他们就可以回避那些招致惩罚的事情，这正是安全感的来源之一。所以父母在教育孩子的时候，需要给孩子划定清晰的界限，还要一以贯之，让孩子进退有据。那些在父母教育理念矛盾冲突，规则忽左忽右，或者父母情绪不稳，规则时而执行时而打破的家庭中长大的孩子，因为经常处于迷茫的状态，都不太容易自信。需要注意的是，给孩子制定规则的时候，也要充分考虑到他们作为儿童的特性，不能太严苛，要让他们不用太费力就可以达到才好。所以给孩子订立的规则清晰、稳定、可实现很重要。

还有一点，要让孩子对父母的行为有稳定的预期。这一方面需要父母坚持一贯的原则，并且情绪稳定。另一方面，在日常做事也应该如此。有一个学生，我们就叫他小张吧，小张就是一个没有安全感的人，他总是觉得眼前的幸福生活，很可能马上就会失去。所以他总是处于患得患失的忧虑之中。后来探索原因我才发现，原来小张的父母在他小的时候经常要出差，作为一个孩子当然不愿父母离开，他就会哭着挽留他们。父母也不忍心看到孩子哭，于是他们每次就在孩子不注意的时候偷偷离开。结果小张就形成了这样一种印象：尽管父母现在在身边，他们随时会消失；而什么时候消失，对他来说完全没法预期。所以他就总是处在父母要出差、要离开的恐惧之中。最后的结果是等到他长大了，发现自己对人、对事、对未来都很没信心没把握，就是那种不清楚明天和意外哪一个先到来的感觉。

我知道很多家庭为了生活，不得不忍受父母和孩子分离这个现实。这能够理解，但是我们也要看到，对孩子的陪伴不只是物质的陪伴，还包括心理的陪伴。如果不得不分离，那么尽可能多地让孩子知道自己离开和回来的时间，让孩子有适度的心理预期，而且平时尽可能和孩子保持多一些的联系也是十分重要的。这里还需要说到另一个相关的话题，从心理健康的角度来说，孩子太早上寄宿学校并不是一个好的选择。如果有可能，让孩子在小时候多留在自己的身边，陪伴是对孩子最好的关怀。

还有一点就是要避免带有附加条件的爱。每个人都有一个自我的概念，这个概念涵盖很多方面，比如我是好的还是坏的，是聪明的还是愚钝的，是可爱的还是讨厌的等等。这些概念是在成长的过程中逐渐形成的，而塑造这些概念的最主要的人，当然就是孩子的父母，或者其他养护人。小时候父母给予孩子爱和支持，但是有一些父母这样做是有附加条件的。他们只在孩子符合他们的期望的时候才爱孩子。如果父母对孩子的行为不满，他们的爱就消失了。于是孩子就学到了人生的一条重要启示——只有做对了父母想让他们做的事，才能得到爱。我有一个学生，他的父母特别看中学习成绩，如果某一次他的成绩没达到父母的期望，父母就会让他写很多字的检讨，一切娱乐都要停止，直到下一次考试，考好了才能再争取到娱乐的权利，用他自己的话说在那段时间父母常常冷言冷语地讽刺他，让他觉得父母很功利和冷漠。这种有条件的爱的结果，不是导致孩子激烈的反抗，就是导致孩子学会放弃自己真实的感情和愿望，只接受他们身上被父母赞许的部分。换句话说，他们发现自己的行为和成绩不能达到父母的预期，就会产生深深的内疚感和愤怒感。到后来，他们拒绝自己的弱点和错误，希望自己成为一个在所有方面都令人满意的人。

有一些比较严重的孩子，会把父母的形象泛化，他们会在心中构想任何可能评价他的人，老师、同学，甚至是乘坐同一辆公交车的陌生人。如果问题严重到一定程度，他们就会回避见这些人，躲起来，直到自己感觉自己变得完美了再出来。但是"完美"只是一个幻象，对现实的回避，只会削弱他们的适应能力和应对压力的能力，其结果是自己再也走不出自己设置的心理陷阱。所以问题的根源还在父母，但是大多数父母对此浑然无知。所以悲剧的发生才显得那么突然，其实清楚的人早就洞悉了隐患。所以爱孩子不要有附加条件。

同伴的接纳和友谊

同伴的接纳和友谊是信心的来源。这一点很多人没有意识到。很多成年人的缺点就是健忘，其实只要不健忘，回想一下自己的童年，就能对孩子的心理需求多很多理解。在我多年的心理咨询过程中发现，现在的孩子，普遍的心理是孤独，因为孤独，他们产生了很多痛苦的感觉，很多父母没有意识到孩子的孤独是因为自己一直陪伴在孩子身边。但是我们需要了解这样一个规律：在孩子小的时候，大约在小学四年级以前，父母的陪伴确实很重要，而且只要有父母的陪伴似乎就够了；但是到了小学四年级以后，情况就变了，父母陪伴的价值在慢慢减低，同龄人或者说朋友陪伴的价值逐渐增高。这是人的心理发展规律。所以很多家里才会出现孩子一边喊着孤独，一边又关着门不和父母搭话的情形。我的一个学生小陈亲口对我说，她感觉自己和其他人之间隔着一层膜，她从来没有加入过某个群体，与别人长时间合作的能力是零。她心里总有种无名怒火，针对着很多东西。这是一种非常痛苦的体验，导致她没有办法集中精力听课和学习，而她的父母对这一切浑然不知。并不是她没有和他们说过，而是他们不能理解，为什么一个人就不能好好学习，为什么那么在意有没有朋友。这更加令她感觉绝望。

当一个人没有友谊的时候，他就缺少深入交流的对象，喜悦时没有人分享，悲伤时没有地方倾诉，困难时没有依靠，孤独时没有陪伴。久而久之自我价值感就被损伤了。不自觉地怀疑自己出了问题，但是到底哪里出了问题，自己又不知道。所以作为父母，在孩子还小的时候多带他们接触小朋友，在孩子上学后鼓励他们和同学交往，鼓励孩子交朋友对于他们培养信心是非常重要的。

广博的见闻

毫无疑问，知识和见闻丰富的人会比孤陋寡闻的人对自己更有信心。很多人都有类似的感受，那些经常在国内、国外旅游的孩子，比起那些没有旅游经历的孩子在谈话时更自信、更有自豪感。那些拥有新奇玩具的孩子，也表现得更有优越感。因为对于孩子来说、拥有关于玩具的知识也是非常值得骄傲的事。有一些在农村出生和长大的孩子到了城里，因为对城市生活中诸多方面的陌生，产生的自卑感，也是属于见闻不够的原因。

增加见闻除了亲历亲见，就属读书了。宋朝开国皇帝赵匡胤陈桥兵变而得天下，因此他对武将深怀警惕，在经过杯酒释兵权的手段后，赵匡胤决定建立一个文官治国的新政治制度。文官治国自然就需要文人出仕，但是经过长期战乱，读书人并无好的出路，一般人家的子弟都不喜读书。江山传至宋真宗时，求得更多书读得好的人为国家出力，鼓励人们读书，成了朝廷选拔人才的一个重要国策。在此背景下宋真宗御笔亲作《劝学篇》，传布天下，诗曰："富家不用买良田，书中自有千钟粟。安居不用架高堂，书中自有黄金屋。出门莫恨无人随，书中车马多如簇。娶妻莫恨无良媒，书中自有颜如玉。男儿欲遂平生志，五经勤向窗前读。""书中自有颜如玉，书中自有黄金屋。"迷醉天下士子者，几近千年，直至今日。

但是没有意识到读书的价值的人也大有人在。人类的进步，毫无疑问是建立在对知识的掌握和使用的基础上的。而读书人正是发现知识、传承知识的最主要的一个群体。可是读书人的命运在历史上却是跌宕起伏的。有时候读书人显贵，有时低贱，比如在我国元代读书人的地位就很低，有所谓"九儒十丐"之说。在历史上其他时期读书人被贬抑的也时有发生。

读书人的命运随时代而不同，悲苦的读书人不在少数。清代黄景仁《杂感》诗，有云："仙佛茫茫两未成，只知独夜不平鸣。风蓬飘尽悲歌气，泥絮沾来薄幸名。十有九人堪白眼，百无一用是书生。莫因诗卷愁成谶，春鸟秋虫自作声。""百无一用是书生"，这也是流传很广的一句话。纵观历史，失意文人，也总是不愿离开人们的视野，正因如此，庄子的思想才在读书人之中有长久的认同，当书生落魄的时候，人们就轻贱读书人，而读书人自辩不能，也就会难免慨叹时运不济，命运多舛。

读书可以改变命运，改善生活状态，这自然是读书带给人的好处。即使抛开这一层，就单单因为知识丰富这一条，也会让读书多的人有心理上的优越感。所以指导孩子利用课余时间多读好书，对于培养孩子的自信心是非常有效的方法。

成就和成就感

心理学家马斯洛提出的需求层次理论认为，人都有被尊重的需求和自我实现的需求。这两个需求都与成就和成就感有关。今天很多孩子没有成就感归结起来主要有几个原因，其中一个是参与的事情少。我在做心理咨询的时候，总会问孩子们一个问题，你们擅长的是什么，有很大一部分孩子没有回答自己有擅长的领域。不可否认，今天的孩子生活总体是比较单调的，除了学习，大部分就是打电子游戏了，家务事基本不做，创造性的游戏，团体性的活动，都比较少。没有追求，就没有成就，当然就没有成就感。还有一个原因是现在对孩子的评价还是比较单一，几乎是唯考试分数而论，连家长要求孩子交朋友，都要找学习好的，而不考虑道德好或者性格好。这不得不说是一件令人感到悲伤的事情。评价单一，所以在这个体系里面，能获得成就感的人就少，大部分都是失败者，只有少数成功的人。如果评价多元，孩子学习成就平常，但唱歌好、运动好、人缘好、口才好、文笔好，甚至就只是性格好，都能得到家长或老师真诚的认可。那么成功的人就会多起来，有成就感的孩子就会多，没有自信的孩子就少。所以鼓励孩子多探索、多研究各种领域的事情，对孩子的评价多元化，是让孩子能够更好地发展自我，成就自我，进而获得信心的教育方法。

总是做盟军

做孩子的盟军

很多时候家长和孩子之间有冲突，是因为家长的角色没扮演好。我发现生活中大部分家长扮演监督的角色多，但扮演指导的角色少，凡事批评的时候多，表扬的时候少。这让一些孩子觉得自己没有被父母接纳。作为一个合格的家长，应该从不做孩子的敌军，偶尔做监军，总是做盟军。从不做敌军就是不要和孩子成为对立的关系，父母与子女之间是养育和被养育的关系，照料与被照料的关系，本来是一种爱护和被爱护的关系，所以理所应当是充满温情的。把这样本应该温情脉脉的关系处理成剑拔弩张的敌对状态，不能不说是教育者的失败。但是必要的监督还是要有的，父母不是老好人，父母还有管教孩子让他们少犯错误的责任，所以偶尔要扮演监督惩戒的角色。父母的职责之一就是成为孩子的社会支持系统，帮孩子建立社会支持系统。因此从本质上来说，父母应该是孩子的坚强后盾，是孩子的盟友，在孩子有困难的时候，出手相助，在孩子追求梦想的时候，给予支持，所以说要总是做盟军。

坚持学习

现代社会，国家承担起了基础教育的全部责任，有些家长就感觉自己可以做甩手掌柜了，自己只要赚钱养家，孩子自然会貌美如花。其实不然，即使是现代社会，父母的教育还是不可或缺的一部分。尤其关于习惯、道德和心理健康方面的教育，父母才是最主要的老师。

以培养习惯为例，很多家长都知道要培养孩子的好习惯，但是好习惯包含哪些方面，又如何培养，很多人就不是很清楚了。一般的家长只注意到执行层面的习惯，比如，孩子坐姿正确不，写字工整不，作业按时完成不等等，但是对于孩子思考的习惯，情感控制方面的习惯，关注得就较少了。著名教育家杜威曾说，习惯的重要意义并不限于习惯的执行和发动方面。习惯还意味着培养理智的倾向和情感的倾向，使行动变得更轻松、经济和高效。其实思维和情感习惯的培养，非常重要，因为更小的孩子，其依赖性和可塑性都更高，是培养习惯的黄金时期，但在这两个方面又常常被忽视。从小培养孩子遇到事情探究原因，而不只是看表面。听别人说话，思考别人的观点是否有依据，是在哪里，非在哪里，避免人云亦云，这就是思维习惯的培养。学习用合适的方法表达自己的情绪，避免纵容任性，这就是情感控制习惯的培养。有一次我去超市，看到一个四五岁的孩子在地上躺着不起，口里念着要买什么东西，旁边站着他的爸爸妈妈。出于职业习惯，我就想看看接下来会怎么样。后来我发现这对年轻的父母做得很好，他们安静地站着，没有因为有人围观造成的窘迫而妥协，也没有因为孩子耍赖而恼羞成怒，整个过程中，他们一直建议孩子起来说话。最终，在家长没有发火的情况下，孩子自己站了起来。起来后，妈妈问他，地上硬不硬、凉不凉。然后告诉他，做事必须讲道理，他要的东西不能买，往后想要什么东西，必须好好和父母商量。这就是一个成功的教育的例子。

其实现在没有不学习的家长，家长做得好坏，区别在于他们学习的途径和自己学习的效果。有些家长会和孩子说，自己是第一次做父母，所以要从头开始学习，的确如此，每个人都需要从别人的经历中借鉴经验，来指导自己的行动。很多70后的家长慨叹，自己小时候，父母也没多少关注，也很健康地长大了。现在的孩子怎么这么容易出问题。其实70后的人小时候是和很多兄弟姐妹以及邻居伙伴一起长大的，这个长大的过程自然有很多体验和交流，这些都是教育。而现在的孩子都是自己长大的，他们没有从别人的经验那里获得启发，所以遇到事情自然手足无措。其实不仅父母需要从别人的经验中学习，孩子也需要从孩子的经验中学习。这就能很好地理解为什么从小离群索居的孩子长大了更容易出现心理问题。

获取别人的经验，其本质说起来是学习，学习的本质是自我更新。"苟日新，日日新，又日新"，生活的本质是想方设法使生命绵延不断，因为生活的延续只能通过生命不断的自我更新才能做到，所以生活的过程就是自我更新的过程。把学习作为一个口头禅说起来容易，但真正坚持学习其实是一件很难的事。一般来说，人在童年和青年时期，接受信息比较容易。过了中年有些人就逐渐关闭了接收信息的通道，开始故步自封，所以我们才会发现有些老年人特别固执。固执是因为他们的心理发展已经停滞了，不再接收外界新的思想。所以什么样的家长能培养出健康的孩子？就是那些不固执己见，坚持学习，会学习的家长。学习的孩子进步，学习的家长最美。

做麻烦的解决者

有一个家长问我，自家男孩，十岁，晚上睡觉总是害怕，不愿意一个人睡。问他怕什么，说是怕鬼、蛇、小偷、煤气没关。其中又主要是怕鬼，怎么说都没用，已经怕几年啦。这半年来发展到晚上十点半才睡，半夜三四点钟就要醒一次，如果醒了就要跑来和大人一起睡。问我这要怎么办。很多父母每天都会遇到各种各样的问题，孩子的成长没有一帆风顺的，不是健康问题，就是行为问题，再不就心理问题。盟军不就是在友军遇到困难的时候提供支援的嘛，所以父母就必须担负起麻烦解决者的角色。

我分析这个孩子的表现，有点像儿童恐惧症。恐惧症是儿童焦虑、恐惧生活中存在或不存在的东西。儿童恐惧症通常和过去的经历有关系，如看了恐怖故事或电影。但是恐惧感通常是只怕一个东西。这个小朋友估计是恐惧感泛化了。儿童恐惧症临床表现有：对某些环境和某些物品持续恐惧，主要表现是怕黑，幻想出来很多可怕的东西；有回避性行为，如怕黑就不愿意一个人睡；有神经系统身体反应，如心慌、出虚汗、失眠、不敢睡觉。我在做心理咨询的过程中发现一个现象，就是很多家长在遇到问题的时候，没有分析问题的习惯。我常听到的一句话就是，教授你不要给我讲理论，你只要告诉我怎么做就行。其实这是很大的认知误区，心理医生并不是靠灵感和聪明工作，心理学的工作就是在理论的指导下进行的。心理咨询的过程和医生看病是一个程序，必须先要诊断，然后才能有治疗方案。所以如果家长想做一个优秀的麻烦解决者，那么对问题有诊断的思维，习惯于用理论指导实践，是必不可少的特质。

我建议这个家长首先看看孩子有什么经历，如看过恐怖片或听过恐怖故事，找到原因。从原因上让他认识到他害怕的是他想象出来的东西，不是真实的东西，可能会缓解一部分恐惧的感觉。其次采用脱敏治疗。脱敏放松是克服恐惧的一个方式，比如说晚上让他自己睡觉，把门开着；或者是一个房间里分个床，然后逐渐地不恐惧了，再慢慢地分开；或者开着灯睡觉，等他睡着了再去关灯，等等诸如此类的方法。对于迷信的小孩儿，可以给他一些象征性的安抚，比如说给他一个奥特曼、孙悟空，他认为有超能量的、能保护他的东西放在他的房间里，起到类似于辟邪门神的作用，然后就是陪伴。如果确实这段时间的恐惧感比较重，可以让孩子和父母住在一个房间，给他一段时间陪伴。等他调整过来，不那么恐惧了，再慢慢分开，这也是一个方法。最后也是最主要的不要让他继续接触恐怖故事或电影，包括不要跟他讲一些迷信的观念。尤其是孩子还小的时候，看恐怖故事或电影对他的心理没有好处。经过几个月的努力，这位家长告诉我，孩子的状况改善了。

尽管不可能每个家长都成为心理医生，但是解决麻烦的思路是相同的。首先定义问题，就是弄清楚到底发生了什么事情，对问题做一个诊断。其次寻找可能的解决办法，解决办法通常是和过去习惯使用的方法不一致的，这就是需要摸索和学习的部分。然后开始行动，尝试用新发现的方法解决问题。最后评估效果，看看新方法是否有效，如果有效就坚持。如果没有效果，重新回到第一步，反思是不是问题没弄准，然后第二、第三、第四步。我把这个方法分享给家长朋友们，因为这是解决问题的万能公式。

优秀的麻烦解决者，还需要了解一个方法，那就是处理孩子遇到麻烦的时候要先安抚情绪，再谈问题。这是不能改变的顺序，因为当孩子在情绪激动的时候，是听不进指导和教育的。做过家长的人都会有这样的经验，你去学校门口接孩子，在等孩子们出来的时候，你遇到了熟悉的家长朋友，于是你们热火朝天地聊了起来。可是没过一会儿，孩子们排着队走向大门口，可是你伸长了脖子，也没看到自己的孩子，毫无疑问，你判断他在学校犯错误被老师留校了。看着其他家长渐渐离去，你是不是有点儿窘迫，甚至有点儿恼羞成怒。没错，当年我在接孩子放学的时候，遇到这种情形，就是这个感觉，但是我知道，我必须承受这种压力。人家管你叫一声爸妈，遇到事情总得为别人扛一下。我这样安慰自己。进到学校里一看，果不其然，被老师留下的几个学生都是"犯了错"的，老师板着脸，批评他们，家长在旁边讪讪地站着。有一些情绪激动的家长，已经忍耐不住，开始骂起自己的孩子了，或许这就是老师期望的效果。但是我知道我不能这样做。我悄悄和孩子摆摆手，暗示他保持镇静，我来"营救"他来了。对，就是营救，盟军嘛，不就是要营救友军么。我基本什么也不说，等老师允许离开了，就带孩子走，路上带他走一段，去超市买点吃的东西，闲聊一下，然后坐车回家吃饭。吃过晚饭，我就会问孩子，今天发生什么事情了，我要求他尽量叙述事情经过，然后我们再一起讨论。吃了零食，又吃了饭，孩子情绪已经完全平复了，这时候他就能比较理性客观地讲述他在学校遇到的问题。然后我弄清楚事情经过原委了，再和他讨论，他到底做错了没有，错在哪里了，老师是不是公正，有没有冤枉他。如果我觉得老师处理问题有错，我也会如实表达。最后再和他一起研究，他怎么做是合适的。通常只要是我接孩子，遇到这种情况都是这样处理。

如果做家长的朋友们仔细回想，就会明白，你在没有安抚孩子情绪的情况下，就直接谈事情，很难说服孩子，如果孩子还小，他们敢怒不敢言，如果孩子大了，就会顶撞父母。所以先安抚情绪，再处理事情，是一个非常重要的顺序。

有的家长会有疑问，我竟然和孩子说老师会错，不会损害老师的权威么，这个大可不必担心。老师的权威来源于他的教学水平、对学生的爱护和处理问题的公正性等诸多方面。不考虑这些，盲目维护老师的权威，可能短时间会让孩子服从老师的管理，但是从长远的角度看，孩子发现家长和老师都不公正，反而破坏了家长自己的威信，也损害了老师在孩子心中的权威性。

减轻孩子的负担

我曾经听一个学生说过，有很多中等生是被作业压垮的。"我每天疲于应付作业，结果学也没学好，玩儿也没玩儿到。到头来还被老师和家长批，唉，真是没有办法"，"我们学校的作业特别多，而且还是我费了很大努力考进去的所谓好学校"，"上了这个学校我就后悔了，每天的作业不是一般的多呀，根本写不过来，老师还嫌我们做得不够，真不知道老师心里是怎么想的"。这是一个学习成绩还不错的学生和我说的话。尽管他自己成绩不错，能应付过来，但是他认为这样大量的作业实在是没有意义，所以逐渐地他也就失去了学习的热情。"现在被作业折磨的学生，太多了，我们就是写字的奴隶"。

作业量多，还不是学生唯一不满的地方，还包括老师的态度。"我们把作业交上去了，结果老师自己都不看，就让课代表给改一下，感觉老师一点都不重视，这种作业有什么用？"一个学生因为老师不批改作业而感觉很失落，老师既然不改作业，有些题目学生写了也不知道对错，所以怀疑写这样的作业的价值。"老师宁愿你抄答案，也不愿看到你不会写，所以无论会不会，你必须写完"，"老师只想看到他想看到的结果，没办法，互相欺骗"，"本来不会，空在那里准备上课听，结果老师乱发一通脾气，被赶出教室，搞得又不敢问老师，又没法听课"，"作业在家写不完，要到学校赶，早晨上课的时间乱填一气，又没时间听课。很多人就是因为这种事给废掉了"，"我上课就赶作业，作业是写完了，可是新课又没听好，丢了西瓜捡芝麻"。以上这些话，都摘录于我的心理咨询记录，都是学生们亲口说出来的话。

必须承认，学生是"内卷"很严重的群体。据我所知，那些晚上十二点以后才能睡觉的中学生不在少数，个别小学生也要熬到晚上十一点，甚至十二点多——不用说，都是作业惹的祸。作业太多，写了没意义，不写又不行，这就是很多学生的困境。那么在学生遇到这样的困惑的时候，家长在做什么呢？其实大部分家长也是很无奈的。因为没有办法顶住来自老师的压力，很多家长只好要求孩子配合老师。但这样做的结果是平息了老师暂时的压力，却牺牲了孩子长久的未来。很多中学生都处于长期缺少睡眠、缺少运动、缺少友谊的状态，时间长了他们就对学习产生很强烈的厌烦情绪。

一个学生告诉我，他一想到要写那么多作业就不想上学了。我和他说，想办法和父母谈谈，请他们和老师交涉一下，少写一些，但是你自己也要努力，把成绩提上去行不行。他告诉我父母是不可能和老师说的，如果真的可以少些作业，他愿意更认真学习。对于这样的学生，要想激发他们的学习热情，必须要减轻他们的负担。把学生从繁重的作业中解放出来，给他们时间去思考，学习是智力活动，不是单纯的体力活动。

做孩子的盟军，从教育的目标来说，就是要保障孩子在身心健康的前提下，尽最大努力发掘他们的潜能。这就要求做父母的人时刻保持自省，坚持学习，做麻烦的解决者，减轻孩子承受不了的负担，站在孩子背后，做他们坚强的后盾。

~ 第二章 ~

给孩子合理的期待

Chapter 2

孩子的成就动机部分来源于父母的期待，孩子相信自己行，就会提高成就动机，他就会去努力，结果目标真的实现了，这就是自我实现预言的心理学含义。成功的教育，都是父母相信孩子，对孩子有很高的期待，并且把梦想植入孩子内心的教育。

教育的目标是发展潜能

自我实现预言

我常问现在的中学生未来有什么打算，十有八九会回答没想过；问他们，你们有什么梦想呢，回答没有。一个人对未来没有期待，那现在的努力还有什么意义。所以现在很多孩子厌学，就和没有目标没有梦想有关。现在常有人说，寒门难出贵子，农村孩子和城里孩子教育资源有着巨大差异。我想这是不可否认的，而且这种差异实际上存在很多年了，城乡之间教育资金的投入水平，师资水平都存在着差异。但是我想，同样在城里长大的孩子，也不是每个人都努力学习，同样是农村的孩子，为什么有些家庭的孩子努力学习，而有些家庭的孩子却做不到呢。我发现其中有一个很重要的原因，就是父母对孩子读书的支持，父母对孩子寄予的期待有多大。父母较高的期待会让孩子觉得自己更有可能成功，所以他们才会更愿意投入努力。

20世纪八九十年代，高考还没有扩招，九年制义务教育还没有完全普及。那时候农村青年普遍结婚比较早，读大学希望很渺茫，而一旦落榜，又错过了婚龄，麻烦还是挺大的，所以很多家庭认为孩子只要能认字，会算数就可以了，那时候读书无用论还比较有市场。但是一个村里，总有那么几户人家，父母坚决支持孩子考学读书。所以尽管能考大学的人可能几年才有一个，但必定出现在这样的人家里。后来我豁然开朗，这就是心理学研究的"自我实现预言"啊。如果父母能让孩子相信，通过努力他可以考上大学，将来成为一个不平凡的人，那孩子内心深处会觉得自己更有价值、更有能力，所以他就会更自律、更努力，去追求理想的生活。如果父母让孩子相信，他只是一个普通人，将来过个普通人的生活就好了。那孩子往往不会认为自己能做出什么大的事情出来，就不会有很高的成就动机，所以他也就不会那么努力学习和奋斗。孩子的成就动机部分来源于父母的期待，孩子相信自己行，就会提高成就动机，他就会去努力，结果目标真的实现了，这就是自我实现预言的心理学含义。成功的教育，都是父母相信孩子，对孩子有很高的期待，并且把梦想植入孩子内心的教育。

对事不对人

让孩子相信可以通过奋斗获得美好的未来，只是口头说"你是最棒的"还不够。鼓励孩子需要有的放矢，也就是心理学说的"有条件积极关注"。父母对于孩子本身应该做到"无条件积极关注"，也就是给他们无条件的关爱，让孩子获得安全感，建立自信，建立高自我价值。但是对于孩子做的事情就需要"有条件积极关注"，表扬和批评都要有具体的可针对的事情。比如一个小学一年级的学生，放学后很快自己把作业完成了。父母想表扬他，如果只是说"你真棒"，效果就不如"你自己把作业做完了，真不错"。因为"你真棒"是对人的评价，而"你自己把作业做完了，真不错"是对人所做的事情的评价。同理，如果孩子没有办法自己写完作业，父母想批评他，说"你真笨"就不如说"独立完成作业是你应该做到的，现在你做不到，肯定是哪里没做好，你要自我反省"，这就是对事不对人了。对事不对人的表扬，可以让孩子明白哪些行为是好的，将来要保持。孩子得到了清晰的反馈，可以让他们明确目标，增加自信。对事不对人的批评，可以让孩子清楚哪些是不好的，自己的错误所在，将来改正的时候知道要回避什么，又不会破坏他们的自尊。坚持做下来，父母既实现了教育的目标，又保持了好的亲子关系。

教育的目标是发展潜能

尽管前文说给孩子较高的期待，能激发孩子的学习动机。但目标不是越高越好，有的家长说，我给孩子定的目标是考清华，即使做不到他也可以考武大吧，其实不然。如果目标太高了，会让孩子感觉不真实，因此望而却步，反而不会认真去追求。人的很多行为遵循"期望—价值"模型，意即人是根据能否实现目标的期望值选择目标的，换言之，人只会追求自己认为能实现的目标。太高的目标，如果孩子真的去追求了，因为必然达不到，久而久之，持续的挫败感也会伤害孩子的自信心，产生心理学所说的"习得性无助"。习得性无助，顾名思义就是后天学习到的无助感，是因为经历过太多次失败后，对自己的否定以及放弃努力。打个比方，一个学生，成绩在班级长期处于倒数的位置，作为家长你鼓励他努力，争取下一次考试考个全班第一。这个时候孩子是不会努力的，因为他不会相信自己有考第一的实力。他的这个认知就是经历了无数次考试失败后，自己形成的一种自我评价，这就是习得性无助。克服习得性无助的方法就是要让孩子逐渐找回对自己和对学业的掌控感，比如设定阶段性目标的方法，先从倒数几名往前追几名，再追几名，最后看自己能达到什么水平。还有一个问题，也是需要意识到的，孩子出生以后，发育水平是不一样的，有些孩子发育得早，有一些发育得晚，不同发展阶段的孩子，对知识的接受能力是不一样的。

苏联教育家维果茨基的研究表明，教育对儿童的发展能起到主导作用和促进作用，但需要确定儿童发展的两种水平，一种是儿童已经达到的发展水平；另一种是儿童可能达到的发展水平。这两种水平之间的距离，就是"最近发展区"。把握"最近发展区"，能加速学生的发展。就是说提前教育和拖后教育，效果都不理想，最合适的教育应该是在该发生的时候发生，判断什么时候该给孩子什么教育，就要考虑孩子的发展阶段。考虑到这个差别，才能为孩子做好学习规划。

太高的目标会压垮学生，太低的目标又不能激发斗志，那目标怎么设定才好呢？设定目标必须尊重事实，考虑到孩子的身心各方面的特点。人的潜能不是无限的，每个人的潜能是不同的，这一点必须承认，那些说人有无限潜能，只是乐观主义的一种态度，不代表事实就是这样。但是各个学生到底有多大潜能，他自己也不知道。所以教育的目标应该是探索孩子的潜能，并且发展孩子的潜能。

有位朋友和我联系，说一个亲戚的小孩因为总是达不到爸爸和妈妈的高要求，现在已经退学了。其实今天因为父母给孩子定太高的目标，或者孩子自己定了太高的目标，结果被这些"高目标"压垮了的不在少数。很多人定目标没有依据，往往是想当然，认为自己应该是那样。不去考虑对手的竞争水平，不去考虑自己的实际能力，而只是认为应该是什么样子。这里边有一个观点在支撑，那就是别人做到的，我也能做到。这个观点确实是很鼓舞人心，人感觉到自己不比别人差，就会有竞争的信心。但实际上这个观点并不成立，因为它没有描述事实。事实是别人能做到的事情，你可能做不到。也许有些你能做的事情，别人做不到。

所以家长应该更客观地看待自己孩子的能力，或者说他的潜力。

影响一个人学习效果的因素，有态度问题、潜能问题、方法问题，还有策略问题，这些都影响着学生潜力的发挥。如果不考虑一个孩子的潜能和他的能力问题，给他定的目标有的时候就会过高、偏颇，那孩子长期都会受到挫败感的折磨。很多人在这种挫败感的长期折磨下会崩溃，最后放弃学业。这种事屡见不鲜，我相信很多人身边都有这种例子，只是没有引起足够的警觉，都觉得这是别人家的孩子，我们家的孩子不会这样。事实是所有的孩子都有可能因为目标太高而失去学习动力。

目标定得不合适，对孩子心理的负面影响很大。目标定得太高让一些总是"失败"的孩子充满了羞愧感，感觉对不起父母、对不起家庭、对不起老师，当然也对不起自己，仿佛自己是一个欠了很多债的人。为什么一个学生、一个年轻人会有如此深的负罪感，或者说欠债的感觉？是谁给他创造的这样一种氛围或状态，让他有如此强烈的愧疚感？我发现很多家长是乐于见到孩子有这种愧疚感的。因为一个愧疚的孩子，在父母生气或者父母艰难的时候，就会因为愧疚之心而约束自己，按照父母的意志行事，这对于父母管理孩子有些帮助。但是对于孩子个人的成长本身来说，到底有好处还是有坏处？我认为是坏处大于好处。尤其是在他没有做错什么事情，只是学习没有实现所谓的那种高目标，就会产生这么强烈的羞愧感、愧疚感，这是非常不正确，也是非常不正常的一件事情。

有一个高三学生小赵，她的爸爸妈妈都是高中老师。他们对小赵抱有很高的期望，当然小赵自己也不负众望，成绩一直非常好，中考的时候以全校第一名的成绩考进了高中。在普通人眼里，小赵就是那种标准的别人家的孩子，阳光、自信、无忧无虑，但实际上，在私下里小赵并不是这样的。她有很严重的考试焦虑，每当重要的考试前，她都会有强烈的不安，因为如果考试不能达到自己的期待，她就会彻底否定自己的价值，而且有对父母的强烈的愧疚感，她会偏执地认为自己什么都做不好，给父母丢脸了，甚至认为自己都没有资格活着，为此每次考试前她要躲在房间里哭几个小时才能缓解。尽管她有这么严重的考试焦虑，但是每次考试她成绩都不错，持续的考试成功，掩盖了她的心理障碍。她的爸爸妈妈认为，小赵之所以这样担忧是因为对自己没有信心，所以就经常给她听励志歌曲，想要用音乐鼓励她。小赵也觉得这些歌对自己有帮助，所以她也经常用励志歌曲给自己鼓劲儿。高二的时候，小赵参加高考，分数过了中科大的录取线，但是家人认为她可以考清华，选择继续读高三。高三临近高考一个月的时候，承受不住压力的小赵，因为严重心理问题退学住院，没有参加高考。最终与大学失之交臂。

　　所以在给孩子定目标的时候，一定要切合实际，真实地评估他的潜能到底有多大。定目标不是想当然的事，别人家的孩子能做到的，我家孩子也能做到，这只是一厢情愿的想法。其实做个明智的家长很容易，就是回想自己过往的经历。自己读书的时候，班里的第一名能做到的事情其他人未必能做到。每个班都有几个人对某些科目或者全部的科目特别擅长，其他人望尘莫及。这不是说只靠信心和信念就能够做到的，这个事实是家长必须去正视的。家长也有必要经常反思是不是给孩子创造了一个充满羞愧的家庭教育环境，对于孩子的心理健康要多一分关心。长期让人处于羞愧之下的压力，会不知不觉扭曲孩子的心理。我们核心的目标是希望每个孩子都发展得很好，但不是希望每个孩子都能考上清华，因为那是不可能的。

　　一个合格的家长对孩子必须做的两件事是关爱和划定边界。在家庭中得到充分关爱的孩子，生命中容易感受到希望，有更高的自尊和自信，将来的人际关系、婚姻、事业都会发展顺利。边界清晰的孩子，知道该做什么，不该做什么，知道自己与人相处的界限。他们在未来的人生中易于与人轻松相处；相反，界限不清的孩子，会和他人的关系发生缠结，易于发生冲突，成年后与人交往容易敏感退缩。

有的家长被恐惧感驱使着，担心孩子将来没有好工作，不能养活自己，于是逼迫孩子读书；有些家长被梦想牵引着，希望孩子将来继承家族产业或出国留学。这些都是家长教育孩子的动力。没有目标是迷茫的，但是只有目标没有手段也是徒劳的。家长不能有效管束孩子，就是界限不清，但是家长过度管束孩子，会造成界限过于僵化，也是另一种界限不清。常听有些家长说，我只希望孩子成人就好，至于学习怎么样，无所谓，其结果是孩子既没有如愿成人也没有完成学业。高期待会给孩子带来不适度的压力，但低期待会让孩子感觉自己能力低而没动力。但最常见的家长还是有想法有目标却缺少方法，即教导不足。有些家长没有意识到孩子缺少指导，在他们屡次犯错的时候，家长会产生沮丧感，这种沮丧常常会转化为对孩子的愤怒。

关注学业以外的目标

很多家长把教育的目标定义为考上一本大学，其实这只能作为阶段性目标。教育的目标应该是帮助孩子发展潜力，为未来做好准备。没有人确切知道未来是什么样的，所以除了必需的技能以外，我们要知道孩子需要具备什么样的品质，才能保证以不变应万变。总结起来有五项品质是必需且重要的：希望、自主、主动、勤奋和爱。没有希望是一件恐怖的事，未来一片黑暗和迷茫，人生注定是一场悲剧演出。如果一个人感觉不能自主，时刻都有一个说不清的紧箍咒束缚自己，在万丈红尘中随波逐流，这样的人生注定是充满压力和不满的。我们想要爬山，想要下海，但是山和海不会向我们走来，我们需要主动向山和海靠近，这就是主动性的重要。爬山和涉海都不是轻松的事情，尤其是爬到半山腰，游到海中央，我们会很累，如果没有勤奋的精神，我们将半路折返，或许就一事无成。但所有这一切，如果没有爱，不爱人、不被爱，在情感的沙漠里，一片孤寂，所有的这一切又有什么意义呢？如果没有爱而又充满了恨，又有什么力量，阻止孩子不把能力用于破坏而用于建设呢？希望、自主、主动和勤奋让成功变得可能，而爱让成功有意义！

心理健康的孩子未必就有好成绩，但是心理不健康的孩子肯定没有好成绩，这是我多年做心理咨询的心得体会。因为有心理障碍的孩子，不只要应付学习考试，还要花费大量的精力处理自己不稳定的情绪，学习效率自然会降低。因此即便是从纯粹的功利主义角度出发，父母希望孩子成绩好，也需要关注成绩以外的教育目标。

生活需要一张一弛

有一个家长曾问我是否知道现在中小学生厌学率有多大，具体数字我不知道，但是我判断不会低。每次路过学校，大门边的电子宣传栏上滚动的数字都是考上一本多少，高分的多少，但是没考上的有多少，低分的有多少是没有人发布的。我唯一一次听到有人说厌学率是二〇一九年，在一个非常好的大学招生办主任那里听到的，他说他们大学的学生厌学率有百分之三十。当时我是挺震惊的，要知道那可是名校。没法知道厌学率，但是厌学的原因是可以知道的，以我多年的经验，厌学的原因主要有三个：没有目标，失去掌控感和失去意义。当一个学生一旦失去生活的目标，他就没有动力努力了；失去掌控感是因为学生没有控制自己的学习和生活的能力了，比如无法达到老师和家长的期望而形成的习得性无助，无法适应学校的节奏导致的焦虑等；没有意义是因为一些学生对生活本身都失去了热情，好也行坏也行，佛系、躺平、得过且过，他们自然也不愿意学习。原因不止这些，但以上提到的是很重要的原因。导致学生失去目标、失去掌控感和意义的很重要的原因是，他们长时间过着一种超负荷的生活。

我接触过一个年龄最小的"厌学"的学生，当然可能用厌学来形容他有点不合适，为了表达需要，就用这个词吧。一个家长告诉我，她儿子上学前班，说学习累现在已经开始厌学了。她告诉孩子说："是啊，学习是有点累的，要有这个心理准备，学会就不累了。"我问她，现在孩子都学些什么。她告诉我说："拼音，加减法，读《大学》这些经典，书法写铅笔字，还有画画、音乐课、英语课，班里开珠心算，我没给他报，我儿子回家说他也要学，所有孩子都报了，但是我还是觉得孩子学的东西太多了，课外还有足球课、小主持人课。"这就是一个学前班的小朋友学习的内容，能不累吗？这些内容换一个成人，他早就把书本一扔寻找自己的诗和远方去了。但是孩子没有诗和远方可去，他们必须坚持学习，你说他们可怜不。我有一个学生小祝告诉我，她上小学的时候学过钢琴、口琴、尤克里里、民族舞、声乐、画画、毛笔书法、硬笔书法、魔方、魔术、记忆训练、服装设计、游泳、羽毛球、溜冰、真冰、旱冰，小主持人已经考级，还有阅读，朗读……这是她掰着手指头告诉我的，而且她说肯定还有几项，一时想不起来了。我问她，你能学得过来么。她说把所有的课余时间都用上了呗，这些科目也不是同时学的，但同一时间里总会有三四个项目，所以她小学时候都是和培训班的小朋友一起玩儿，从来没有和小区里或者学校里的同学一起玩过，因为没时间啊。我问她，这些项目，她现在最擅长啥，她两手一摊，哪有擅长的，都才入门就停了，到六年级所有的这些课都停了，改学英语、语文和数学培优了呀。她还很乐呵地告诉我，这些年坚持她没学会，但是放弃是学会了。

有一次我咨询一个同学，机器设备，比如汽车、音响，每次使用都开到最大功率负荷，对机器有什么影响，会影响使用寿命么？我的同学很认真地回复我说，这个需要分设备，分情况，不同设备的承载系数不一样，不能一概而论。比如家庭轿车不能长时间在最大功率行驶，否则会很耗车。音响的最大功率，一般也用不到，而且在最大功率时，音质会很差，音响是需要在适合的功率曲线范围内运转的，所以音响在最大功率下长时间使用会损坏。每个产品在设计之初就会有具体工况要求，根据不同工况设计不同使用系数。一般情况下，民用品的设备都会有个功率曲线，会建议你用最适合的那一段，除非特殊设计，尽量不要在最大功率附近使用。其实人也是一样，如果一个人总是满负荷工作，满负荷学习，这个人一定会崩溃，或者早衰。说一个我个人的经验，2014年的时候，我正在写《思想的王国》这本书，因为是一本严肃的哲学专著，所以我希望每一句话都经得起推敲，每天要阅读大量的资料和做非常艰苦的概括和总结工作。写这本书前后用了一年多时间，等书写完后交给出版社编辑校对的那段日子，连续两个月，我都看不进去一页严肃的书，我明确地感觉到大脑被透支了。不错，就是被透支了。当人被透支了的时候，一切兴趣都没有了，只想静静。

我曾经在医院工作，做内科医生。我知道当人体出现严重的伤害的时候，就会休克。休克是人体的自我调整，是超越极限情况下的一种自我保护机制。其实心理也是一样的，当人的大脑处理的信息超出运算的极限的时候，大脑也会拒绝工作，启动自我保护程序。心理学家荣格研究发现，当人在现实世界遇到难以解决的困难的时候，就会退回到内心世界找寻解决问题的资源。在这种状态下的人，会回避与人接触，回避"学习"，逃避"工作"。

没有人能总是在最大负荷下生活，也不应该总是在最大负荷下生活。所以作为家长必须给孩子创造一张一弛的生活环境，让他们张弛有度，劳逸结合，孩子才能身心健康，保持学习的兴趣。游戏是人的天性，闲暇是生命的必需。家长不能期待孩子是一个只学不玩的人，不能期望孩子把所有的时间都高效利用，一切都要平衡。

著名教育家叶圣陶在一篇文章里曾经做过一个类比：一朵花，一棵草，它那发荣滋长的可能性，在一粒种子的时候早已具备了。但是有些种子竟不能发芽，便发了芽，竟有苗而不秀，华而不实的，这是什么缘故呢？先天的遗传有什么不同的地方，遭逢的环境有什么不适应的地方是一种原因；那从事栽培的种植家是否称职是又一种原因。如今把植物比作小学生，小学教师便是那个种植家，栽培小学生有效没有，只有他负责任。以今天的实际来论，责任人除了老师还得另外加上至少两位，那就是学生的父母。有一些人读我的文章，会有一种被批评之感。同时一些家长也感觉委屈，哪个人愿意逼迫自己的孩子呢？还不是在大的环境下，被逼无奈！其实，我既不想批评哪个父母，也不同意无奈说。作为父母，就应该承担起自己的责任，不能简单地把社会压力传递给孩子了事，那是不负责任的表现。应对的方法其实也很简单，一张一弛文武之道，这个道理大家都懂。为人父母之人都是成年人，想想自己盼着下班、讨厌加班、盼着放假，想着休息的心情，只要将心比心，就能知道什么时候该给孩子减轻负担。

人生的意义与梦想

过有意义的人生

我见过很多因为心理困惑来咨询的学生，简单地说，可以把这些学生分成两大类：一类对生活和学习有热情但是很苦恼，容易和家人起冲突；另一类则对生活和学习没有热情，淡漠，对未来毫不关心，和家人之间甚至连冲突都没有。相比较而言，前一种学生咨询转变快一些，而后一种学生转变需要的时间要更长一些。通常来说，情感淡漠的学生主要还是观念上出了问题，我归纳一下最常见的两个观念误区。

第一个是自由误区。很多对生活和学习表现淡漠的学生，他们对父母提出的要求也比较简单，就是给他一个电脑或者手机，给他一个网络，其他的物质需求可以降到最低。他们把这理解为自己的一种生活的自由，一种选择的自由。这是典型的对"自由"含义的理解误区。美学家李泽厚在《华夏美学·美学四讲》一书中说："任性和偏见就是个人主观意见和意向，是一种自由。但这种自由还停留在奴隶的处境上，你想干什么就干什么，恰恰是奴隶，是不自由的表现，是做了自己动物性的情绪、欲望，以及社会偏见、习俗的奴隶。"我认为这种表述是非常准确的。淡漠的学生选择放弃学习，恰恰是因为他们失去了选择的自由，失去了能动的自由，做了自己情绪的奴隶而不自知。有一个学生小孙，在读初一，因为每天上网打游戏，成绩非常差。父母自然不能容忍他这样的行为，要没收他的手机，结果他报警，说父母侵犯了他的权利，他有权打游戏，有权不学习，这是他的自由，不要人管。现在很多有网络依赖行为的孩子，都有类似的观念，那就是他们有某种完全不被干涉的自由。

第二个是意义缺失。很多学生一面讨厌学习，一面沉湎于手机，其根本原因是意义缺失。这时候如果只是粗暴地想夺走他的手机，通常会遇到激烈的抵抗。厌学和上网只是表象，治疗他们不能只针对表象，必须针对本质，也就是人生的意义问题。心理学家及哲学家弗兰克尔认为"一种适度、合理和一定量的紧张"是非常必要的，它可以为自我健康生存提供一种挑战。"假如一个人没有任何要完成的任务的挑战，从而免受由这些任务所带来的具体挑战，那么某种形式的神经病状——心理机能病——就可能会随之而来"。针对学生来说，这段话可以理解为因为学生在学业上的放弃，不再参与竞争，从而也就失去了挑战，因此造成了心理问题的产生，而为了打发生命中的垃圾时间，他们选择了手机和网络这种饮鸩止渴的办法。

如前文所述，厌学的原因包括失去目标，失去掌控感和失去意义，所以要帮助厌学的孩子，必须帮助他们找回生活和学习的意义。首先就时间使用来说，物理时间是我们的时钟记录的时间，生活时间才是我们所参与的时间。度过一段没有意义的时间不叫生活，那是物理时间的流逝，不是生活时间的积累。那么如何获得生活时间呢？生活的时间就是创造人生的意义的时间。

黑格尔在《法哲学原理》这本书里说："人间最高贵的事就是成为人。"成为人的过程，就是人创造生活的意义的过程。我喜欢引用弗兰克尔对人生意义的论述。这有两个原因：其一，"意义治疗"是弗兰克尔发展出来的心理治疗方法；其二，弗兰克尔本人经历过被关押在集中营里的生活，经历过失去亲人的苦难，所以他的观点更具有代表性。在弗兰克尔所著的《弗兰克尔自传——活出生命的意义》一书中，他说："从出生到生命的最后一刻、呼出最后一口气为止，赋予意义的三种途径，具体来说，它们是：我们的行动，我们创造的作品，以及我们的经历、际遇和爱。"

首先是行动，通过行动获得人生的意义。弗兰克尔意指的行动是人克服苦难的反应，实际上就是应对生活中的挑战。意义不是仅仅可以通过苦思冥想获得的，意义是通过行动发现的。人通过对困难和苦难的反应赋予其意义。苦难本身没有意义，通过认识人生的悲剧性和克服困境，促使人深思，寻找自我，最终发现人生的意义，实现自我超越。有某种爱好的人，有使命和追求的人，比较能理解行动的意义。而我的理解这种行动不止包含身体的行动，也必然包含精神的行动。在我写的《思想的王国》一书中提到："人是自由的，因为他有理性，有采取行动与否的权力。"阿德勒有一本书叫《儿童的人格教育》，在这本书里他引用康德的话："启蒙运动就是人类从自己造成的未成年状态中走出来。未成年状态就是不经别人的引导，就不能独立地使用自己的理智。"这种身体和精神的活动就是人获得意义的途径之一。

对于学生来说，在体能和智力上挑战自己的潜能，就是获得意义的途径。所以在孩子还小的时候，鼓励他们尝试做各种事情，养成挑战的习惯，对于孩子的成长是大有裨益的。很多家长希望孩子乖一点，乖的孩子比较好带，但是淘气的孩子却更聪明，因为淘气的孩子总是不断挑战生活。

其次，通过创造的作品获得人生的意义，用弗兰克尔的另外一种描述是——工作、创造。生命的意义在工作与创造中发现和体验。很少人体会到工作和创造带来的乐趣。大部分人处于"劳动—闲暇"二元生活状态，他们憎恨工作和劳动，然后寄希望于消费和闲暇来获得安慰，结果陷入无休止的逃避、攀比的痛苦空虚循环之中。但是只有那些在工作与创造中找到意义的人才是幸福的。工作和创造的意义，不只是为自己赚到生存的钱财，如果工作只是为了生存，那么就不能解释为什么世界上那么多富豪坚持工作到生命的最后一刻。孩子不是生而知之的，他们是教而知之的。我发现，很多学生是缺少关于如何获得人生的意义方面的指导的。一些中学生，到了青春期，不自觉地会思考到人为什么而活，自己的一生要怎么度过这个话题，这就是对人生的意义的思索。如果这个问题想不清楚，他们就会陷入迷茫，甚至会因为强烈的虚无感，导致心理危机。

第三，通过我们的经历、际遇和爱获得人生的意义。存在主义哲学认为人获得意义的一个重要途径就是存在和爱，存在就是经历和际遇，和存在相对的是占有。经历和际遇可以使一个人内心丰富，对自己有较高的认同，有较高的自尊。比如我们经常能看到不修边幅的艺术家和科学工作者，他们因为自己从事的工作本身具有意义，而不需要用衣物和首饰装扮自己。弗洛姆在《占有还是存在》一书中说："你的存在越微不足道，你表现你的生命越渺小，那么你占有的也就越多，你的生命异化的程度也越大。"存在可以理解为生命对生活的感受。今天很多学生喜欢看架空小说、同人文、喜欢游戏，这些都是和现实生活距离比较远的东西。很多学生越来越宅，对现实生活没有切实的感受，他们不愿出门，出了门也只是看手机，不愿旅游，出门旅游也是待在酒店里玩手机。因为生命和现实生活脱离，所以没有办法在现实的生活中感受到乐趣，自然就感受不到生活带来的人生的意义。他们的意义往往在虚拟的世界中获得，这也是一些学生离不开虚拟世界的原因，因为一旦离开虚拟世界，他们人生的意义就消失了。所以家长只有在孩子还小的时候，带他们多接触现实，才能更有效防止他们在未来沉迷于虚拟。

关于爱，有很多人论述过，只不过大多数人都会不自觉地认为，他们给予别人的爱已经太多，而自己获得的爱太少。所以他们本能的思想是吝啬和剥削的。很多人会有一个错觉，感觉剥削比给予快乐。对于人格渺小的人来说确实是这样的，但是对于人格伟大的人来说则相反。诚如孔子说："君子喻于义，小人喻于利。"

做个有爱的人

关于如何自爱，如何爱人，心理学家弗洛姆的著作《爱的艺术》里面有一些精彩的论述。弗洛姆的思想中蕴含有深刻的对现实的批判和反思精神，他的思想饱含对人类命运的担忧，这是弗洛姆对人类深沉的爱的表达方式。

爱之能力。书之伊始，开宗明义，弗洛姆提出"除了努力积极发展你的全部个性，使之形成一种创造性人格倾向外，一切爱的尝试都一定是要失败的；没有爱自己邻人的能力，没有真诚的谦恭、勇气、忠诚、自制，就不可能得到满意的个人之爱"。无论爱与被爱，都不是物理世界的事情，爱属于精神世界，爱又是一个人格问题和心理问题。或者可以说，有些人发展出了爱的人格，而另一些人则没有。所以一些人感受着来自世界的爱，也在给予世界以爱；而另一些人则躲在角落里抱怨，在孤独和诅咒中把自己的生活过成一场悲剧。

金钱可以买到婚姻，但是金钱毕竟买不到爱。因为很多人把爱理解成了被爱，要找一个爱自己的对象，但是弗洛姆说，他们都错了，"多数人宁愿把爱当成被爱的问题，而不愿意当成一个爱的能力的问题"。

爱是一个能力的问题，钱可以购买商品和服务，但是钱买不到能力，能力需要自己培养。

我在做心理咨询的过程中，见过不少冷漠的学生。他们对父母、亲人、同学似乎都不付出感情，他们只关心自己的感受。从表面上看，他们每天过得很快活，其实内心深处他们也很痛苦。因为他们对别人没有感情，也不相信别人对自己会有感情，所以他们把自己封闭起来，做出一副我不需要你，你也别打扰我，我不关心你，也不需要你来关心的姿态。但是这并不是这样的孩子的全部。我的一个学生告诉我，她之所以变得冷漠，是因为她曾经对朋友很真诚，最后却被朋友出卖了。后来她就发誓再也不对任何人真诚了，再也不对任何人付出感情了。看起来，她已经百毒不侵了，但是她说那种孤独的感觉实在令人窒息绝望。所以她不是不想爱，她是不知道怎么去爱。

心之监狱。关押肉体的监狱，人人都知道，但是很少人意识到还有关押精神的监狱。当一个人犯有浅薄、贪婪、无知、轻信、自私、自大这些罪恶的时候，他就被关进精神的监狱里了。精神监狱里的惩罚是——孤独。人要逃避孤独。"人的最深切的需要就是克服分离，从而使他从孤独中解脱出来。"孤独的人困于心监。一些人为了克服孤独，拼命工作，另一些人为了克服孤独拼命敛财，这些都是被迫的，不是自由的，而爱是自由之子。还有一些人被诱惑着选择一种与人共生的状态生活。弗洛姆说："共生性结合的被动形式是屈从，或用临床术语说是受虐狂。这种受虐狂用使自己成为另一个支配他、管教他、保护他的一部分附庸，来摆脱难以忍受的孤独和分离感，那个对象是他的生命和氧气。不管他屈从的对象是人还是神，对象对他的威力都极大；他就是一切，我除了是他的一部分外，无足轻重……受虐狂不必做决定，不必冒险。他永不感到孤单——但他依附于人，没有任何尊严，不是一个完全的人。"受虐狂往往以受害者的姿态出现在人们的面前，他们错误地以为他们在坚持一份爱，而其本质其实他们只是在逃避自己成为一个有独立人格的人应尽的自立、自强的责任。他们不过是在逃避自由。"共生的主动形式是支配，或用心理学术语来说，与受虐狂相对应的是虐待狂。这种虐待狂想通过使另一个人成为自己的重要部分来摆脱孤独和禁锢感，他通过控制崇拜他的另一个人来为自己壮威，抬高身价。"虐待狂是可恨的，但是如果有人攻击虐待狂，马上会招致受虐狂的反对。这也是受虐狂的可悲之处。没有能力爱他人，但是又需要人，就形成了这种病态互相依存的关系。

人之成熟。要有成熟之爱，需得成熟之人。人在异化的道路上出走得太久了，忘记了自己回家的路。弗洛姆说："成熟的爱是保持自己的尊严和个性条件下的结合。爱是人的一种主动的能力，是一种突破使人与人分离的那些障碍的能力，一种把他和他人联合起来的能力。爱使人克服孤单和分离感，但爱承认人自身的价值，保持自身的尊严。在爱之中，产生了两个人成为一体而仍然保留着个人尊严和个性的矛盾。"进而他又提出，如何去爱，爱不止是一种向往或者是一种概念，爱是需要做的。他说："所有形式的爱常常包括着共同的基本要素：关心、责任、尊重和了解……关心、责任、尊重和了解是相互依存的。只有在成熟的人身上才能找到这四者的交融形态；凡成熟的人都能创造性地发展自己的能力，他们放弃了自诩为无所不能的自恋的梦想，把已获得的谦恭置于真正创造性活动产生的精神力量基础之上。"

所以答案出来了，培养爱的能力，需要首先培养真诚的谦恭、勇气、忠诚和自制的品格，在与人交往的时候，愿意互相关心、尊重和了解，并承担责任，做一个有爱的人，会爱的人，从而获得生命的意义。爱是动词，爱是给予。人在给予与创造中实现爱，完成生命的升华。但是要想给予爱，首先要认识爱。正如帕拉塞萨斯所言："设想所有水果与草莓同时成熟的人对葡萄一无所知。"如果哪位朋友希望对爱与人性有深刻的理解，推荐您阅读弗洛姆的名著《爱的艺术》。

追求真理

为什么要特别说明需要教育孩子追求真理呢？因为真理是公认的也是具有唯一性的观念或知识，在教育孩子的过程中，追求真理就容易达成共识。中国有句古话叫公说公有理，婆说婆有理，这就导致公与婆在观念有冲突的时候，是没有办法达成共识的，当然求同存异也是人类社会应有的交往准则之一，但任何事都求同存异也是无法想象的。举几个例子，比如说，老师认为，为了顺利达成教育目标，有权惩戒甚至体罚学生，可是学生认为自己无论犯什么错，老师都没权体罚自己。再比如父母认为孩子不应该用手机，孩子认为自己有权用手机。这种对立的观念如何求同存异呢，这显然是不可能的。

没有求真的精神，人们就只会站在自己的立场思考问题。简·奥斯丁说，真理应该是"被普遍承认的"。这种情况下的冲突是因为个人的观点都是只站在自己的立场，立场不同，利益不同，所以不好协调。但是如果老师和学生，家长和孩子都有坚持真理的精神，就可以找到公认的超越立场的某种规则，在这个规则下，事情就变得容易处理了。比如先制定一个大家都接受的校规或者班规，这个规则在制定的时候兼顾各方面的立场，那么如果大家同意这个规则，往后就按照规则来办，规则说老师可以体罚学生，可以在什么情况下体罚学生，那么就按照规则来执行就好了。同理，父母和孩子之间也可以先协商出某种规则，比如使用手机是否应该有限度，这个限度要怎么判断，超过限度了，父母和孩子各有什么权利和义务。讨论手机使用限度的时候，要考虑到时代的情况、青少年的心理需求、青少年的发展特点等因素，这样有能共同遵守的规则了，父母就容易在管教孩子的时候让孩子信服。

没有求真精神，导致孩子满足于一知半解。很多孩子学习成绩不好，并不是智力水平不够，而是从小没有考虑求真精神。今天很多学生读书学习不求甚解，把作业写完，刷刷题就完了。如果你询问他有什么学习方法，基本离不开多读、多写、多练、多刷题，再就说不出来什么了。这样的孩子，不只是对待学习，就是对待游戏也只是很肤浅的娱乐。有一个初中生，小刘，放学到家手机不离手，学习成绩非常差，父母以为他手机成瘾，带来做心理咨询。谈话过程中我问小刘将来想做什么事，他说想专业打电竞。我又问他，他打游戏现在什么水平，他说在学校属于水平挺高的。再问他，这个水平在全市属于什么层次，他说一般。问他原因，他说时间不够，如果不上学，每天打自己肯定行。我问他，要打好这个游戏需要具备什么身体条件，这时候他就答不上来。我建议他有时间写游戏攻略，他说太难了，做不了。后来我发现，他只是很初级的娱乐，对于如何成为这个游戏的高手，从来没有思考过。这就是没有求真精神的一个体现。所以在孩子还小的时候，做父母的有意识地凡事求真，用这样的方式教育孩子，是很有必要的。

没有求真精神，就没有稳定的是非观念，容易造成教育困境。很多孩子的行为问题，是因为观念导致的。比如不写作业、不求上进、沉迷电子产品。我接待过很多厌学的学生，我问他们什么原因不好好学习，得到的最多的答案是"我不想学"。只做自己想做的事，不做自己应该做的事，是这些孩子的普遍特征。因为没有稳定的是非观，生活变得情境化，态度不可预测，一切决策以自己的喜好为准，这是现在很多孩子厌学的思想根源。

给孩子合理的期待

积极关注，鼓励与批评

积极关注

人总避免不了刻板印象，当对一个人或一件事形成看法后，会持续很长时间，以至于那个人那件事已经改变了，人的态度也不会改变。刻板印象是几乎每个人都难以摆脱的，而且一旦对某个人形成了刻板印象后，在未来的日子里，会不自觉收集增强自己观念的信息。做父母的对孩子也是一样，有些父母认为自己的孩子是乖孩子，那么即使孩子偶尔淘气，也会当作可爱的举动，而如果认为孩子爱打游戏，那时刻都能看到孩子手里拿个手机。但是刻板印象毕竟是刻板印象，刻板印象很多时候都伴随着对生活真相的扭曲。

摆脱刻板印象，需要父母做很多努力。现在一个最普遍的刻板印象是父母总是觉得孩子在玩，一个家长和我说，他家的孩子整天到晚都在玩，完全不把学习放在心上。事实上根本不是这么回事，这个孩子每天早晨六点多就出门去学校了，晚上九点多才到家，到家后有时候还要写一会儿作业。即便是周末，那也要做很多作业，还要上培优班的课。事实上说他整天在学习还更准确一些。尽管这都是不争的事实，但这个家长依然认为孩子总是在玩。

另外有些父母，因为被刻板印象蒙蔽，看不见孩子的改变。我做青少年厌学咨询，厌学的孩子毛病肯定很多，上学不听课、不交作业、熬夜晚起、过度使用手机等等，另外内心厌倦、无助、没有希望等心态也很普遍。这些毛病改正都需要时间，而且很多改变是很细微的。这时候做父母的如果能克服刻板印象，看到孩子的改变，哪怕是很细微的，并且告诉孩子自己看见了，对孩子的鼓励作用都是巨大的。克服刻板印象的方法是积极关注，观察孩子的行为，既看到好的，也看到坏的，同时看到变化和变化的趋势。因为当父母真正在观察孩子的时候，给予孩子的评价才能实事求是，不盲目乐观也不过分消极。孩子才会感觉到，来自父母的真正的关注。其实不管表面上多叛逆的孩子，都是很在意父母的态度的。当他们感觉父母并没有真正观察自己，也并不真正理解自己的时候，产生的失望感是推动他们和父母对抗的动力。"反正你不相信我，那我就做给你看"，这是很多孩子嘴里说的，也是心里想的。

同时看到孩子的优点和缺点，至关重要。有些家长习惯性地觉得孩子的那些优点都是理所应当的，所以不自觉地就忽略了。而孩子的缺点是必须改正的，所以目光所及，口里所说，都是缺点，这是不对的。孩子有被关注的需求，有被爱与接纳的需求，他们当然需要在做得好的时候，被父母看见，并且肯定。

有些做父母的人长期面对有问题的孩子，一次次抱有希望，又一次次失望，时间长了，难免会对孩子的改变抱有悲观的看法。有时候遇到太悲观的家长，我鼓励他们先"假装相信"，孩子会变好，不着急下结论，观察一段时间再说，慢慢让自己恢复信心。孩子的错误行为是学来的，凡是学来的，都是可以改变的。孩子只是需要一些指导、一些信任和一些时间而已。有很多孩子就是在父母"假装相信"的鼓励下，主动改正自己的错误，事实证明"假装相信"不久就会"真正相信"，因为

给孩子合理的期待

孩子的内心比父母更敏锐，作为家庭中的弱者，他们时刻都在暗中观察父母的反应。父母的一点积极态度，都会被孩子感知到；而父母的信任，是孩子前行的动力。

建设性批评

有期望就必然有失望，有失望就会有抱怨和批评。批评分为建设性批评和非建设性批评，建设性批评有如下几个特点，以进步为导向，发生在恰当的环境中，维护被批评者的自尊，批评同时也要倾听。非建设性的批评，主要是表达批评者的不满。所以对比可知，非建设性的批评经常会引起被批评者的不满和对抗。

正常情况下，家长批评孩子是为了孩子进步。但是我们也必须承认，有一部分家长会因为自己性格缺陷，无法控制情绪而批评孩子，这一种批评也有为了孩子进步的目的，但是父母发泄情绪的目的更大一些。所以父母在批评孩子的时候，要自己想一下，是因为自己很生气而批评，还是为了孩子进步而批评。因为父母的批评动机孩子能感受到，父母如果只是因为生气而批评孩子，时间长了，孩子就会不服管教，而且在心里疏远父母。而为了孩子进步而批评，孩子更容易意识到自己的错误。

既然是批评，当然是一个互动的过程，孩子的反应也很重要。有些孩子即使是建设性批评，他们也不接受。这种情况很可能是因为他们缺少一个心理能力——观点采择。观点采择是孩子推断别人内部心理活动的能力，即能设身处地地理解他人的思想、愿望、情感等。意思就是说在看待问题的时候，不只是能从自己的角度去思考，同时也能考虑到其他人观点的合理性，也就是说要"去中心化"，去自我中心化。平常讲的"有则改之，无则加勉"，就是属于观点采择的一个部分。观点采择的能力很多人到了成年也没发展好，总觉得自己是对的，总觉得真理掌握在自己的手里。发展观点采择能力，是孩子学习换位思考的前提条件，也是孩子能虚心接受批评的前提条件。

　　家长在批评孩子的时候还要考虑到几个问题，如孩子的错误是他这个年龄的孩子特有的吗？是父母的期望高了吗？是孩子的某些需求没得到满足吗？是他缺少某种能力吗？比如青春期的孩子就容易情绪波动，这就是这个年龄特有的现象，父母只有接受这一点，然后再考虑怎么教育他。还有的父母，期望孩子有什么错误行为令行禁止，马上就能改正，不给孩子合理的适应时间，这就属于期望过高了。有些孩子在家和父母没话说，在学校也没时间和朋友聊天，放学回来就用手机联系同学，家长如果意识不到孩子的这种行为实际上是交往需求没得到满足，认为孩子是单纯沉迷于手机，只盯住孩子让他不要聊天，必然会引起孩子激烈的反抗。有的孩子在学校被人欺负，本质就在于他缺少必要的社交技能。因为缺乏保护自己的能力而被欺负，这时候如果不能教他具体的方法，就只有教他忍耐或者回避。所以在看到孩子的缺点的时候，先考虑一下原因，再开口。

　　在批评孩子的过程中，父母只表达不倾听效果是打折扣的。孩子看待世界的方式，决定了他们和世界的互动方式，当然也决定了他们受教育的方式。如果孩子觉得这个世界是充满攻击性的，那他当然要防御。如果孩子觉得这个世界是充满了温暖的是温情的，那他就有可能就会享受或者回报世界。如何定义一段关系，如何定义一个人，如何解释一件事对于改变有什么样的态度，这是人看待世界的方式。倾听孩子看待世界的方式，明白他们处事的内在动机，才能理解他们。理解了才能有合适的指导。我有一个学生小古，总是感觉孤独，又总是不愿意和同学亲近。我问他为什么会这样矛盾。他告诉我他的观点是"只有共同的利益，没有永远的朋友"。我问他这是谁说的，他说是他爸爸经常和他说的。这就能够解释他为什么需要友谊又不相信友谊了，因为把所有的关系都看成是交易，他既不能向别人释放无条件的善意，也不相信别人会对他释放无条件的善意。我建议他去观察一下身边的人，是不是每个人都是如他所说，只有共同的利益，没有永远的朋友。生活是最好的老师，如果人愿意观察生活，一定会收获良多。过了一段时间，小古告诉我，好像人与人交往不全是交易，还是存在不求回报的真感情的。观念的改变意味着行为的改变。

批评孩子要考虑恰当的时机和环境。有些家长没有忍耐的能力，看到事情马上就要说，给孩子造成一种唠唠叨叨的不良印象。教育孩子就像是打一场持久战，要做充分的准备，选择战场，不能总打没准备的遭遇战。有一个家长总是和孩子争吵，老公看她每天和孩子冲突，又达不到教育效果，就制止她，她就和老公吵，说自己很辛苦，老公不负责云云。其实既不是她负责，也不是她老公不负责。这中间的根本原因是这个家长对孩子的批评是非建设性的，不择时机，不看环境。后来我建议她买一个本子做教育手册，当她发现孩子有什么缺点的时候，就记录下来，把时间地点事情经过写清楚，然后和孩子约好每周找一个固定的时间来谈论这些问题。我要求她自己一定忍耐住随时随地想要批评孩子的冲动。经过半年的努力，她家恢复和平了，孩子也有很大进步。

每个人都有维护别人自尊的义务，这是一条人际交往准则。有些父母在生气的时候喜欢咒骂孩子、贬损孩子，还有些人平时和孩子说话就喜欢冷嘲热讽。这种损害孩子自尊的交流方式贻害无穷。孩子做错事了，会有内疚心理，被批评并不会引起愤怒。在被批评的时候感觉自尊心受伤了，孩子才会愤怒。所以，如果父母在管教孩子的时候，他们很愤怒地反抗，做父母的就一定要思考一下，是不是自己不当的教育方式伤害到孩子的自尊了。

理解孩子的孤独

很多家长不理解孩子的孤独，以为他们每天都有父母陪伴，上学还有那么多同学，怎么会孤独呢。根据我的工作经验，独生子女有百分之八十曾经或者正在受到孤独感的困扰。这不是危言耸听。从表面上看，孩子不应该孤独。但是只是有人在一起，并不能解决人的孤独，只有深入真诚的交流才能化解孤独。这就好像一个人走在陌生的城市的熙熙攘攘的街上，他并不会因为人多而感觉被陪伴。

人之所以孤独，是因为不敢以真实的自我与人交往。这是因为人为了适应环境，不得不戴着面具生活，久而久之那个戴着面具的自我被人接受了，而真实的自我却被压抑和忽视。有些中学生觉得自己虚伪，也觉得同学们很虚伪，就是这个原因。另一个造成孤独的原因是缺乏能与之对话的关系。人需要在安全的环境下与他人交流自己的真实体验和真实的自我。当一个人长期得不到交流的满足时，在意识的表象和深层体验部分就会感到一种无法与他人真正接触的孤独。在咨询室里我经常听到孩子几近愤怒地说："父母根本就不理解我，他们从不认真听我说话。"而他的父母则抱怨："孩子根本就拒绝和父母交流，什么都不和我们说。"这时孩子就又会反驳："我说了，可是你们根本不懂，还让我别想那么多。"父母解释道："你不好好学习，总是天马行空想一些没用的。"

这是最常见的家庭中父母与子女之间交流的模式——找不到说话的人。如果一个孩子足够幸运，在学校能找到可以深入交谈的同学，那他还是幸运的，但是学校的环境不那么稳定，有的学校频繁地打乱学生的班级，还有的频繁调换学生的座位，再加上升学后会去不同的学校，父母时常摔学生的手机，老师经常没收他们的手机，如此种种都会造成学生与朋友之间物理的隔离。绝大部分父母都没有意识到问题潜在的严重性，长期的孤独感会损害孩子身心健康，导致孩子睡眠障碍，情绪不稳定，注意力不集中，做事没动力，这些问题，最终会导致一些孩子厌学甚至厌世。其实解决孩子孤独的问题也和简单，只要真诚地问一下他，是否感觉孤独，然后认真倾听他讲话，支持他和同龄人交往就可以了。

允许孩子抱怨

权利、关注与接纳是人的基本需求，他可以使人感觉到重要性，并获得归属感。可是当一个人的权利被侵犯、得不到关注，不被接纳的时候，人会怎么样呢？当然会抱怨。当然抱怨有些是合理的，有些是不合理的。比如一个人抱怨天下雨，我们就可以理解为这抱怨不合理；但是如果一个人抱怨堵车，这种抱怨就有合理性；另一个人抱怨无良商家卖假奶粉，害得人家小孩变成大头娃娃，对于这种事抱怨那就是完全合理的。所以不能听到抱怨，就以为是负能量，就要制止。

乐观者发现出路，悲观者发现问题。一个学生回家抱怨学校新来的老师一口方言，讲课听不懂，这种抱怨有道理么，当然有道理。中国向来有十里不同俗，百里不同言的说法。很多地方的方言外人听不懂是很常见的。典型的比如潮州话、客家话，不只北方人听不懂，南方人也大多数听不懂。还有的学生抱怨作业太多、补课时间太多、睡觉时间太少，这都是合理的抱怨。

有时候父母会觉得经常抱怨的人过于悲观，其实即使这是真的，有一些悲观也并不一定就不好。加利福尼亚大学研究发现性格乐观的人并不比悲观者更健康，另外有负面情绪的人想问题更深刻、更具有分析能力、较少依靠直觉，特别是能够在困难时期保持清醒头脑。适当的悲观能让人们做好充足的准备来应对可以预见的困境，这种未雨绸缪的心态可以让人更好地应对艰难险阻。防御性悲观可以给人以极大的动力，推动人们实现目标。

面对孩子的抱怨，父母最好的处理方式是，通过倾听孩子的抱怨理解他们未被满足的心理需求。如果孩子的需求是合理的，那有什么理由剥夺他们抱怨的权利，又有什么理由不满足他们的需求而让他们不必抱怨呢。

成才与成人

成人与成才要同步

成才与成人的问题，是中国传统的教育目标的问题。家长最初都希望孩子既成才又成人，当发现孩子成才不可能的时候，成人依然是底线目标，如果成人的目标也实现不了，那就可以宣布教育失败了。成人可以理解为道德品行、承担责任与义务方面的教育，成才可以理解为知识技能，学历和工作方面的教育。

在传统的社会，成人与成才这两种教育可以割裂开。即使不成才，也可以成人。因为在农业社会里面，只要愿意劳动，愿意承担责任履行义务就可以了，自己种自己的一亩三分地，与别人干系不大。因为考取功名，或者学一门手艺，并不是生存所必需的事情。但是现代社会不一样了，成人与成才变得统一而不可分割。现代社会是工商业社会，不再是传统的农业社会。工商业社会的特点是社会分工更明细，合作更加紧密。人和商品一样，时刻面临竞争和淘汰。所以不具备专门的技能，是无法生存的。现代社会必须成才，方有立身之本。唯一的不同是现代社会的成才标准与传统社会不同了，传统社会，成才基本就是专指读书考功名，现代社会只要在任何一个领域有专门的技能，都可以算是成才。

读博士是成才，做厨师是成才，修汽车是成才，做管理也是成才。

现代社会没有不成才而可以成人的机会。因为一个人不成才，没有专门的技能，自己生存都维艰，哪还有能力承担责任和义务呢。教育家蔡元培认为："有权利始有义务，唯奴隶有义务而无权利。余则谓权利由义务而生，无义务之外的权利。优强人种，得在世界上占优强之位置，亦赖无数先哲之尽义务于前耳。亦有人种竟居奴隶之位置，亦赖该人类之先辈，不知尽义务，遂牺牲后人之权利耳。"前人尽前人的责任，则今人有现实之今日；今人承担今人的责任，则后人有未来之位置。每个人都在责任的链条上，没有例外。不成才的人，家庭和社会义务都无法承担，在家是啃老族，在社会是边缘人。那么不成才的人，能保持良好的道德么？很难。因为基本的生存压力会迫使一个人放弃道德底线，毕竟生存是最主要的。

有一个学生小周，初二那年开始迷恋游戏，一直到初三。初中毕业后没考上高中，考了技校，但是自己不愿意去，父母也觉得技校风气不好，去了也学不到东西，就同意了。小周的爸爸没怎么读书，自己做生意，事业还比较顺利，家境不错。就想着孩子爱玩也是天性，自己不读书也一样生活得挺好，等过几年孩子大了接手自己的生意，生活也不成问题。哪成想到最后小周昼夜颠倒、不洗澡、不剪头，不出门、不与人交往。等到父母意识到自己的教育失误，害了小周的生活，八年的时光已经过去了。

要成才必须要以成人的前提做保障。现在是一个高度内卷的社会，学生压力巨大，学习生活很单调，而游戏的诱惑又很大。孩子要具有什么样的心态，才能坚持学习不放弃呢？当然需要坚定的目标、高度的自律和强烈的责任感，而这些恰恰是家庭教育中让孩子成人的目标。所以成人教育和成才教育必须统一同步进行，家长再不能说不成才就算了，能成人就好的话，因为这根本不现实。

允许孩子与众不同

无论哪个时代，都有一些人拒绝平庸。我有一个学生小杨，成绩非常好，从初中到高中，在某市都能排在几百名以内。小杨和普通学生不一样，有读书的爱好，因为超常的阅读量，他的思维在同龄人中领先很多，到了初中父母也已经跟不上他的思维节奏。小杨会质疑老师的宣教，会问人为什么活着，问生命的意义何在，他会和人讨论一般人绝对没有听过的某个哲学家以及其一个观点的真伪。但是遗憾的是，生活中能与他对话的人太少了，大多数时候他都显得鹤立鸡群，深邃而孤独。和同学格格不入，和老师冲突，给小杨带来了很大的烦恼，妈妈只好劝慰他，让他少看那些书，别总想那些没用的。但是小杨觉得自己没有办法学做别人，放弃做自己。

我说这个学生不是孤例，有一群人和他一样。他们普遍的特点是成绩特别突出，学习本身对他们来说没有太大困难。他们的苦恼来源于"有太多想法"无处交流。冠盖满京华，斯人独憔悴，他们是一群聪明的独行者。至少在精神领域他们在孤独地领跑，最后在现实生活中，也变成了社交孤立的人。他们中有些人可以伪装自己和同学们一块儿玩，但是他们自己知道，自己只不过在演戏。演戏当然很累，于是有些人就懒得演或者不屑于演，对于像小杨这样的孩子来说让他们完全专注于实用问题，使自己视野变得十分狭窄，这样做无异于走向自我毁灭，所以他们就显得特别孤傲不群。

很多老师和家长不能理解他们。让天才理解普通人容易，让普通人理解天才，实在是难为普通人。所以他们常常以带有一种同情甚至悲悯的心看待老师、同学和父母，看待周遭的一切，这又进一步加深了他们和周围的人之间的思想鸿沟。如果家里有这样的一个孩子，不要想限制他的想象力，不要企图把他变得平庸，家长最好的选择是和他一起进步，或者给他找个智慧的导师，至少要允许孩子阅读他认为有价值的书。

厌学与学习动力

厌学的心理秘密

厌学的心理模型是这样的：发展受阻引发焦虑，继而行为失调。因为学业发展、心理发展、社会发展方面不顺畅，导致孩子在很长一段时间内处于焦虑之中，为了缓解焦虑，才行为失调。而行为失调又导致更严重的发展受阻，形成恶性循环，直至孩子失去信心，彻底放弃自己，这时候被父母看到的就是厌学。厌学的学生行为表现可以分为如下三个阶段：

第一个阶段，孩子要争取一部分自由，同时也愿意承担责任。这是什么意思呢？通常这些孩子会跟父母提出来，说学习的时间太长了，要做的作业太多了，然后想要上一会儿电脑、玩一会儿手机，但同时还能做到完成作业、按时上学，但是显然他有一些心不在焉的成分。这个阶段的后期一般来讲，有一个标志性的时间，就是某一天他早上起来，说他不想上学。问他为什么不想上学，他说我头一天的作业没有写，让父母帮忙请假。父母一看，实在是没有办法，不请假他也不出门，只好帮他请假。有的孩子第二天会去上学，但是有了这个第一次之后，可能过不了多久他又会说，作业没写，我害怕老师批评，或者说我想在家里补完作业再去，我上午不去，下午去等等。总而言之，他会用拖延战术。

孩子这样的状况就是第一个阶段，在准备不上学的这个心理上他是挣扎的，挣扎过后孩子就会进入第二个阶段。

第二个阶段，孩子要争取更多的自由，这时候他愿意以承担部分责任作为交换。比如说这个时候他会跟父母谈，他还要更多的时间上网，比如说我现在要一天玩游戏两个小时，然后我作业不写或者我某科作业不写，因为不会写或者不想写。这个时候他也会上学，但是偶尔会逃学。总体来说，他主要的心思、主要的注意力还在学校上，只是他会跟父母争取更多的自由和权利。这时候看起来他争取的这些权利好像也是合理的，因为过去很多年他都处于一种高压的紧张状态，然后他提出的条件看似也合理，父母有时候也会觉得孩子这么累了，那玩一玩、放松一下也可以，这个是第二个阶段。第二个阶段孩子逃学的时间就多了，应该说从厌学到不上学，这时候是重要的过渡阶段。

到了第三个阶段，那就无所顾忌了，孩子要无限的自由，拒绝承担责任。比如孩子会说"我就是不上学"，而且他的理由通常都是很奇怪的，或者说他有时候会用莫须有的理由。比如有的孩子会跟父母承诺，明天早上去上学，让他把书包收好，他也把东西都准备好，信誓旦旦，明天早上一定去上学。但是到了第二天早晨，他不起床，父母看到孩子不起床就很着急，就喊他，叫他起床。他就会指责父母说，就是因为你们喊我，你们吵了我让我没有休息好，所以我今天不上学。这完全是本末倒置的，实际上可以预测的是你如果不喊他，他会在家里睡一天，他不会起来的。然后你喊他，他说我之所以不上学是因为你们喊了我。有的父母就没办法了，说："那好，不喊你。"结果不喊他，他依然不上学。于是一天两天三天地拖延，拖下去只要超过三天，那对孩子来说，他内心对于不上学的恐惧就逐渐消失了，慢慢地他就习惯于在家里待着。有些学生是这样子的，晚上弄到很晚都不睡觉，有时到一两点钟，然后早上他起不来。那么晚上父母都会催促，让他早点睡觉，因为明天还要去上学。他就会借机跟父母吵一架，然后第二天他就说正是因为你们昨天和我吵架，我今天心情不好，所以我不上学。和前面是一个道理，实际上你不催他，他晚上也会很晚不睡觉，早晨依然他不会起床，他还是不会上学。所以这个时候他逃学开始用莫须有的理由，而且他已经开始拒绝承担上学的责任了。

这个时候他的转变，从第一个阶段、第二个阶段到第三个阶段，就是从有理到无理，最后变成了不讲理。到现在为止，实际上孩子嘴上他还没有承认说"我不去上学"，他每天还和父母讲我要去上学，甚至还会跟父母谈我要考个什么样的高中，或者我考个什么样的大学。往往他说的那个高中和大学还是非常好的，高中可能非重点高中他不说，大学也是非常好的大学。他说他考什么样的高中、考什么样的大学，但实际上看他的成绩，他可能考上高中都有困难，或者说考上大学都有困难，但是他会声明自己有这么一个很高的目标。很多父母这个时候就很疑惑，就感觉他有学习的动力和动机啊，但是为什么就没有行动呢？

从认知上来讲，他有一个消极的、扭曲的认知。就是他自己觉得自己的行为肯定是有问题的，他认为自己在学校的目标努力了也达不到，但是这时候他还不愿意和父母承认。因为他不愿意承认自己脆弱，不愿意承认自己无助，不愿意承认自己无能为力，所以他就会把责任推给父母、推给别人，谁刺激他他就会推给谁。有的孩子会推给老师，什么哪个老师讲课不好啦、哪个老师上课批评他啦、哪个老师说话语气太重了啦等等。孩子会找出除了他自己以外的世界上任何人的责任，他找老师的责任，老师找不到找父母的，父母找不到他可以找他们家狗的责任。总而言之，他会找很多人的责任，这是一种扭曲的受害者心理的一种认知观念。

从情绪上来讲，孩子内心的真实情绪是焦虑的，他并不轻松。有的父母可能会觉得，哎呀，我的孩子其实不说学习他还是挺高兴的。这个高兴只是他的表面现象，他的高兴是用什么换来的呢？是通过他对现实的遗忘，在意识上忽视现实的困难，然后用看起来高兴的样子来隐蔽、掩饰他内心的惊慌和恐惧。可以这样讲，这种孩子他本质上内心有隐蔽的一个恐惧点，这个点通常对于他来说是个秘密。一般的情况下他不会和父母讲，也不会和老师讲，周围的人很难猜测出来这个秘密是什么。但他应该是有一个令他恐惧的秘密，这个恐惧的点让他失去了对学习的掌控感。失去了掌控感，他就开始找各种理由去逃避、去回避。当然，这个时候也暴露出了一个他性格上的弱点，通常这样的孩子的自我是比较弱的，没有一个很强的自我，他的自我是没有力量的。即弗洛伊德讲的自我、本我和超我，他的超我很弱，他的自我也很弱，所以他就只剩本我的一个状态在任我行。

这样的孩子通常是一个低自尊的人，他很在意别人对他的评价和看法，或者他在头脑中会构想很多人对他的批评。只为了回避批评这一个理由，他也会逃离学校。父母意识不到他性格上的软弱性，以及他情绪、情感之间的恐惧感，只能看到他认知上的这种扭曲。那么父母跟他谈认知，希望纠正他认识上的错误，实际上就抓不到本质，因为抓不到本质，也解决不了他的问题，就把时间贻误了。遇到了这样的问题，做父母的第一时间首先要考虑他是怕什么，一定要有这么个疑问，或者说有这样一个警觉性。孩子肯定是有一个怕的东西，不把这个怕的东西找到，想解决他的问题是很难的。而通常做父母的又很难把这个东西找出来，所以这个时候第一时间找到一个合适的、自己信任的专业心理老师及早介入也是很有必要的。

根据我长时间的工作经验，心理老师等专业人士越早介入，孩子回归学校的可能性越大。比如说第一个阶段，如果发现他有一些状态不对就开始介入的话，那基本上就可能避免他继续逃学、避免他最后厌学。到了第二个阶段，也还能够处理，机会也大一些。第三个阶段他开始彻底不上学了，那么一周之内就是一个窗口期，超过一周了再处理这个事情，难度就会呈几何级的增长。这个是典型的早发现、早处理、早干预、早治疗，就能取得好效果的事情。但是通常孩子的心理问题比较隐蔽，最开始他提出的要求看似合理，很多父母意识不到厌学的隐患。

一个孩子厌学会打乱一个家庭的生活节奏，因为从某种意义上来说，一个孩子的成就，其实就代表了这个家族的未来。尽管如此，厌学也不是多么不可克服的可怕的事情，只要干预及时，方法得当，绝大部分学生都能够从厌学的阴影中走出来。

首先，我们要认识到厌学既是心理问题，也是行为问题。厌学的孩子通常会经历失望、焦虑、无助、沮丧等一系列的心理过程。学业上的失败，让孩子的心理备受煎熬，如果这时候他们不能得到家长和老师的理解和帮助，心理问题就会转化为行为问题，他们会放弃努力、恐惧上学、早晨不愿起床、经常要求请假，严重的会直接拒绝去学校上学。所以厌学其实是心理问题和行为问题的一个综合表现。

其次，我们要知道孩子厌学了并不等于他们就放弃自己了。厌学其实是孩子"呼救"的一种表现，孩子在告诉父母，遇到依靠自己的力量克服不了的困难了。这时候父母如果能给予孩子及时的帮助和支持，就会让一些孩子重新燃起学习的热情。而如果父母没有意识到孩子是遇到困难了，反而认为是孩子的思想出了问题、态度出了问题、不懂事，就会指责孩子或者试图用感恩教育改变孩子。但是因为药不对症，所以父母的努力往往都是徒劳的，不但没能帮到孩子，最终还破坏了亲子关系，把孩子推向更坏的境况和发展方向。

掌控感与意义

厌学的本质是孩子失去了对学习和生活的掌控感和意义。所以帮助孩子克服厌学的问题，首先要承认孩子遇到了困难，他们在学业上达不到自己或者家长、老师设定的目标，对学习失去了掌控感。想要孩子重新获得掌控感，需要找到那个让孩子恐惧的秘密，并且帮助他克服恐惧。其次要意识到一些孩子是因为找不到学习的意义才厌学的，他们最常见的问题是"为什么要学习"。这是一个极难回答好的问题，通常意义上的劝说并不能起到教育的效果。

要给与孩子相应的帮助，才能把他们从泥潭里拉出来。核心的问题是要帮助他们重获掌控感，克服"习得性无助感"，恢复学习和竞争的信心，所以合适的评价标准、合适的目标、合理的学习策略、合理的时间规划、好的学习方法、好的思维训练至关重要。而学习意义的获得则是一个更复杂的事情，涉及人生的目标、责任乃至人的哲学观。我们并不能苛求每个家长都成为心理专家和教育专家甚至是哲学家，这样要求家长是不公平的，也是难以实现的。因此，获得专业的帮助是十分必要且重要的。找到一个可信赖的心理专家，就是一个必要的选择。

迷茫的青春

几乎每个人都经历过迷茫，时间很多，但是不知道自己应该做什么。人在迷茫的时候，无聊、空虚、恐惧一股脑儿地涌出来，让人坐卧不宁。为了抵抗迷茫，人不是陷入恶作剧就会陷入对什么东西的沉迷。沉迷不分年龄，沉迷和心理有关，而且每个时代都有不同的东西让人沉迷。比如20

世纪70年代的人，读书的时候就有很多人迷恋小说，五毛钱一天在学校旁边租来看。金庸、古龙、梁羽生在男生中最著名，女生的偶像是琼瑶。看多了小说，男生幻想着当大侠，习武练功，飞檐走壁。女生就幻想爱情，期待有个白马王子来接她。谁还有心思读书？厌学也就难免了。

但是如果简单把厌学的原因归结为游戏和小说的诱惑，也是不公平的，更根本的原因是迷茫。

人在迷茫的时候，最好的打发时间的方法就是游戏和捣乱。我读初中的时候游戏的方式是看小说，捣乱的方式是打架，每天各种原因打架，为了那些有意义的无意义的，存在的不存在的理由打架。打赢的人，感觉自己像英雄一样。输的人如果有个性，盘算着找机会再打回来。总之经常打架要到上高中才收敛一些。现在的孩子不敢打架，他们中胆子大点的也就是纠结几个人欺负老实同学，所以他们就更需要在游戏中扮演王者。其实那些开发游戏的设计师才是生活的王者，在游戏设计师眼中，玩家只不过是陶醉在屏幕前的一群小白鼠，被数据和动画训练的小白鼠。但是迷茫中的人想不到这么多，迷茫的人只需要打架或者捣乱，混过清醒的时间就够了。每一代人都曾经迷茫过。只是走出迷茫的人，对自己的历史好像特别健忘。谁的青春不迷茫呢？

读书可以助人走出迷茫。迷茫的时间是最好的学习的时间，因为正好有问题，才可能如饥似渴地吸收知识，寻找答案。我的一个学生，上初一的时候学习成绩已经年级倒数了，家人很着急，也很生气，但是没办法让他提高。我见到他，和他聊天，发现他处于迷茫之中，他有很多关于人生、关于价值方面的疑问，但是在老师和父母那里都没有办法得到令他满意的解答。于是他就疯狂地看书，历史、哲学、军事、心理、传记、解梦……他看书的速度非常快，一年多看了近一百本书。所以，尽管他在学校考试成绩不好，但是他知识非常丰富。只是他内心迷茫没人指点，看书阅读也没人指点，所以看了很多乱七八糟的杂书，结果还是没能走出来。后来我们经过多次交流，他终于找到答案了，现在在大学读书呢。

参与活动可以助人走出迷茫。不吃土豆的孩子，吃薯条。不吃鸡肉的孩子，吃麦当劳。不吃草莓的孩子，被带到果园，他就会吃自己摘下的草莓。去农家乐摘个桃子，吃起来就感觉比超市的香。这样的例子比比皆是，这不是说东西质量有什么区别，主要是因为自己参与其中了，自己参与的事情，个人就有情感卷入，就会有更好的感受和评价。现在的很多孩子就是在生活中参与的机会少了，很多事情都没有参与过，所以你问他将来想做什么，他只有摇头。

爱是对抗迷茫的堡垒。爱是克服一切眼前困难的动力。我年轻那会儿也迷茫，只有一个想法：要从农村进到城里。但是城里人是怎么样生活的，我完全不知道，心里总想着减轻家庭的负担，希望父母不用出去借钱，不要那么辛苦。所以尽管未来那么迷茫，还是坚持做好眼下的事，好好读书、分担家务。作为一个心理医生，因为工作的原因，我见到过一些宅男宅女，他们躲在家里上网，不关心世事，不关心父母。尽管父母年事已高、身体不好，他们也没有想为父母分担生活负担的想法。相反，他们还要逼迫父母出钱升级电脑、交网费。这些人最缺乏的就是爱。因为没有爱，他们与机器为伍；因为没有爱，他们与机器无异；因为没有爱，他们一直处于迷茫的青春期。

父母看到孩子处于迷茫之中无心学业，心里着急，就总想给孩子讲经验、讲道理。其实处于迷茫中的孩子，最需要的是读书、参与和爱人之心。

理想与勇气

有很大一部分孩子厌学是因为没有理想和勇气。理想之于人的价值是巨大的，明代徐谦曾有言："志须预定自远到，世事岂得终无成？"可以理解为理想是一个人对未来的宏远规划和憧憬，这种憧憬给一个人指明了追求有意义的人生的方向。理想同时还可以在人失意时给人以激励，"老当益壮，宁移白首之心？穷且益坚，不坠青云之志。"这种豪迈的心情，会让人藐视所遇到的困难，虽困顿而不移，纵老迈也不改。而失去理想的人则是非常痛苦的，庄子说"哀莫大于心死，愁莫大于无志"。想一想，这是多么难熬的人生。而没有理想的人则是迷茫的，"人既迷茫，必其将亡之道。"迷茫的人不知道将精力用于何处，久而久之精力也就没有了。

现代心理学的研究也有同古人一样的发现，心理学家和教育学家阿德勒发现"人的行动是受他对未来的各种愿望，而不是过去经验的激发。这些未来的愿望可能纯粹是假想的——即不可能实现的各种理想，然而这些假想的愿望却对一个人的行为有着深刻的影响，激发他去完成愈益重大的事业"。对未来的愿望，可能是考一个好的分数，可能是考一所大学，也可能是将来有一份好工作，这些都是激励人前进的目标，只是这些都是短期的目标，所以严格来说还不能算是人生的理想，这些目标只能算是实现理想的途径。理想包含对未来事物的美好想象和希望，对某事物臻于最完善境界的观念，如果目标包含不断对自己的完善，对世界的探索，对改善人类境遇的愿望，完成某种心愿的使命，那就可以称为理想了。一些家长都把目光放在了目标上，却很少意识到需要给孩子树立理想。而正因为如此，一些孩子在实现目标的道路上遇到挫败的时候，就会止步不前。

下面谈谈勇气。词典里对勇气的解释是敢作敢为毫不畏惧的气魄。我们可以对比自己的孩子，他具有这种敢作敢为的品性么？很多孩子是不具备的。因为没有勇气，不敢坚持己见，和同学交往时委曲求全，忍气讨好，就为了维持表面的和平；因为没有勇气，不敢向老师表达观点，唯唯诺诺只是为了躲避老师的批评；因为没有勇气，不敢探索尝试，只在自己熟悉的非常狭窄的领域游戏生活；因为没有勇气，不敢独立思考，每天写着写不完的作业，又没有达到学习效果，也不换一种有效的学习方法。这些都是很常见的情况，我想家长朋友们一定也不陌生。

据一个家长说，在家里上久了网课，孩子的几个初中同学开学后都不愿去上学，问其原因，一个共同点就是——怕。怕老师批评、怕考试露馅、怕同学嘲笑、怕作业太多……总之是各种怕。著名教育家苏霍姆林斯基说："在人的生活中，除了幸福之外，还有痛苦、不幸、苦难、绝望、惶恐不安和心灵上的悲痛。幸福就像太阳，它一视同仁地给幸福的人以光亮。不幸也就像阴影，它形式多样，而且每一个不幸的人都截然不同。人的不幸之中最大的不幸，是丧失勇敢。"因为缺少勇气，很多孩子生活在恐惧与逃避之中。可是处于青春年华的孩子又恰恰是不能逃也无处可逃的，逃避不会令人获得长久的安全感，逃避只会助长恐惧。所以他需要勇气。需要"金戈铁马，气吞万里如虎"的气概，需要"待从头、收拾旧山河"的壮志，需要"世上无难事，只要肯登攀"的信心，需要"我自横刀向天笑，去留肝胆两昆仑"的精神。

作为家长，我们不能怨孩子。没有理想和勇气的孩子是很可怜的，他们为了维护仅有的自尊，才会做出不理性的行动和选择，结果又常被指责。孩子缺少的其实是关于理想和勇气的这一课，他们需要的是耐心的指引和鼓励。家长需要意识到，追求孩子考高分的同时帮他们树立理想、获得勇气的重要性。对于那些已经没有理想和失去勇气的孩子，多一些等待、多一些理解，给他们一点时间、一点宽容，让他们从容一点、乐观一点。希望每个孩子都能找到自己的理想，希望他们每个人在面对困难的时候都充满勇气。

家庭的影响

有一个学校老师问我，从心理学的视角看，怎么理解那些厌学的孩子的家庭关系，这些孩子的家庭到底出了什么问题。

一个家长和我说，孩子告诉她，自己不想继续读书了，不想过父母们期望的生活，这一生要过得快乐，所谓的成功根本不重要，是给别人看的。这个孩子的言论代表了很大一部分城市青少年的想法。现在的初高中学生，出生后家里的物质条件已经大有改善，做父母的自己从艰苦的岁月中走过来，出于补偿心理，不愿意孩子体验自己当年因为物质贫乏带来的痛苦，所以在物质上尽量地满足孩子。但是在另一方面，这一代孩子的父母却有意无意忽视了对孩子的心理的建设。于是让社会上广为流传的，"只要快乐就好"的人生观，占据了孩子幼小的心灵。

心理学家弗洛伊德说，人的性格是由本我、自我和超我三个部分构成的，本我遵循快乐原则，自我遵循现实原则，而超我遵循道德原则。如果说一个家庭中也具有这种拟人的人格特征的话，那就可以理解为有的家庭是本我型，遵循快乐原则；有的家庭是自我型，遵循现实原则；有的家庭是超我型，遵循道德原则。不同的原则，代表了不同的家风，表明了这个家庭不同的过去，也预示了不同的未来。

如果以这个框架再做类比的话，那么一个家庭中的成员中，孩子最可能代表本我，以追求快乐为目标；而父母最可能是自我和超我，以现实和道德理想为目标。谁处于什么样的家庭中，在家庭中处于什么样的类型，这在个案中可以做具体分析。

如果以弗洛伊德的心理模型为依据，教育孩子其实就是教孩子的本我和超我进行合作。因为现实的情况是孩子的本我和超我处于分裂状态，自我非常弱小，所以完全不顾现实。再做个类比也可以这样理解，代表本我的孩子和代表超我的父母处于分裂的不合作状态，所以造成了家庭成员的观念上的分裂、亲子关系紧张，现实的目标无法实现。

所以理解孩子的厌学问题，必须理解这个厌学的孩子所在的原生家庭。以前我们常说书香门第，音乐世家。生于书香门第的人，从小最可能受到书香熏染，因为识文断字，明古通今，所以继承家业，也成了读书人。音乐世家，亦复如是。那么厌学之家呢，有七代务农，但是没有厌学世家。孩子厌学因素很多，但不外乎自己的个性，家庭的教导和社会的风气几个方面的交互作用。在这几个因素中，父母能掌控的就是家庭的教导方式。

阿德勒说："许多教师认为，和问题儿童的父母打交道要比与问题儿童本人打交道更加困难。"他发现教师在自己的教育工作中必然会与家长发生冲突，这是因为教师纠正性的教育工作是以父母的教育的某种失败为前提的。在某种意义上，教师的教育就是对父母的指控，而且大多数父母也这样认为。关于这一点，我作为一个心理老师，也深有同感。

简单地说，就是父母习惯于把所有过错都推到孩子身上，他们拒绝审视自己。在这方面孩子的妈妈一般好一些，孩子的爸爸比较顽固。当然在另一些家庭中是相反的，妈妈表现得更顽固一些。由此看来，孩子厌学不是没有缘由的，原因就潜伏在家庭中。很多厌学的孩子表现出对父母的绝望，因为他们感觉父母"错得那么坚定"，自己根本没有办法掌控自己的生活。

其实这些父母也并非不讲道理之人，在孩子与老师或者同学发生冲突的时候，他们也经常教育孩子，要从自己身上找原因。只是他们没有意识到，孩子厌学了，自己作为父母也应该"行有不得，反求诸己"，从自己身上找找原因。因为，父母改变一小步，将促进孩子改变一大步。

挫折与挫折教育

一个家长问我，孩子厌学，缺乏奋斗的动力，是不是缺乏挫折教育。有个哲学家叫克尔凯郭尔，他常使用约翰尼斯·克利马古这个笔名发表作品。他说，不管你看文学或者人生的什么地方，你看到的都是那个年代的捐助者，他们知道如何使日子越来越好过，从而帮助人类，有的通过铁路，有的通过汽车和船，还有的通过电报……最后，真正的捐助者是用思想，系统地令精神存在变得越来越好过，但又越来越有意义。可是，你在做什么？你一定要做点什么，你既然能力有限，不可能让事情变得容易，你必须像其他人一样，本着人道主义的热情挺身而出，把某件事情变得困难。缺少困难使生命变得缺少实质和深度。很多学生的生命缺少实质和深度，他们沉迷于手机和其他电子游戏里面，对自己的未来和家族的前途漠不关心。是什么把他们变成这样的？有人说是他们太缺乏挫折教育。其实这只看到了事情的表象，事实远没有那么简单。

他们不是需要挫折教育，那种像丢手绢一样的手法，不能触动人心，他们需要的是挫折本身。只是让孩子去偏远的农村走走，在人行天桥上给乞讨的人几个钱，以此来警示他不要沦为那样苦难的人，对自己眼前的好生活心怀感激，也是徒劳的。因为他们能清楚地区分出自己的生活不是别人的生活，他不需要承担别人需要承担的痛苦。这种过家家式的教育方式，教育不了任何人。其根本原因是教育手法虚假，不真实。你不能指望用一个虚假的前提证明出真正的真理。

很多父母会和孩子说起自己小时候的艰辛而乐观的生活，以此来对比孩子今天的生活，结尾总是不忘劝勉——你今天的日子比我当年的日子好多了，你要珍惜这种好条件。这样的劝勉同样毫无意义，因为孩子只会把你的话当成一个中年人的唠叨。所以，真正有效的教育，不是玩一个挫折游戏，不是通过天桥上的弱者举例，不是通过父母励志的童年启发。真正有效的教育，是让孩子体验到困难本身。所以要激发孩子创造的梦想，而不是对饥饿的恐惧。饥饿的恐惧成功激发了今天的中年一代人，但对于从来没有过饥饿感的孩子来说，饥饿不是恐惧，很可能还是一种向往。因为他们被父母喂食了太多的食物。所以要激发创造的梦想，才能给孩子制造真正的困难。要鼓励孩子做时代的捐助者，要做点什么，而不是吃点什么或者拥有什么，这是关键。

当真理没有了美善，真理会变得坚硬。当人生没有了梦想，人生会变得虚无。对于肉体饥饿的人，需要喂食粮食，而要想精神充实，人必须要有创造的梦想。吃饱穿暖了以后，只有创造的挑战才能带给我们真诚的挫折。所以孩子们需要的正是这样真诚的挫折，而不是虚伪的挫折教育，这才是问题的答案。

学霸也会厌学

有些父母会疑惑，为什么孩子学习成绩明明非常好，忽然就提出来不上学了，而且无论父母怎么劝说，都无动于衷，仿佛一夜之间就变了一个人似的。

在普通人的印象中，只有那些跟不上学业的学生才会厌学，而学习成绩特别好的学生，则前途一片光明，他们是不会厌学的。其实，越来越多的案例表明，学霸中也潜伏着一定比例的厌学孩子，而真正用行为表达出来的其实只是冰山一角。学霸厌学通常不是因为学习能力不足引起的，而是因为他们的心理发展中的"内在自我"出了问题的结果。"内在自我"是指一个人的人格中不外露、与外隔绝的一个自我认识状态。以今天的教育现状而言，很多学习成绩好的孩子，高分是用牺牲大量的休息时间和活动换来的。他们之所以牺牲很多时间和活动，往往是在不知不觉中屈服外界期望的压力的结果。比如父母严厉的管教，老师的表扬和鼓励等。都是他人希望自己做的，而并非受真实情感驱使。换句话说孩子自己并没有为自己设定高的学习目标，他只是听从了老师和家长的安排。

一个孩子受父母的影响越大，对自己童年时期的自居行为反思越少，自我情结中依恋父母的色彩越浓，他的独立性就越差。他会觉得自己没什么影响力，自我价值感不佳。这种不良感往往会通过一种方式加以抵消，那就是试图让自己成为中规中矩的人，并向某些榜样看齐。然而这种自我与自己的真实期望存在矛盾，于是常常体验到一种生命的虚无和贫瘠。

学霸在高分的掩饰下，显得信心十足且自我感觉良好，但实际上很多人感觉生活变得毫无意义可言，每当他感觉心力交瘁的时候，就会陷入一种极端痛苦的虚无之中。有些孩子因为多年的顺从，也多少认同了一些外界的评价标准，他也开始给自己预期的目标——必须达到多少分数，否则就是失败的，就是没有任何价值的。这种期望压力来源于内心，总是想象怎样的一个自我才能让自己感到完全满意。

人通过适应外界获得认可。然而当这种适应超越了一定限度，就会对自己感觉陌生。在这种情况下，得到认可的并不是人的真实状态，而是伪装，真正的本色没得到表达，也不被人所知晓。一个恶性循环就开始了：人越是感觉失去自我，就越发不得不去适应他人。因为倘若不迎合他人的要求，那么自己就有被孤立的危险，就可能连这个伪自我也失去。这就是一些学习好的孩子面临的心理困境，多年的"好孩子"形象，让他们不堪重负，因为那不是真实的自己，而不做"好孩子"他又会失去这个"好孩子"所获得的一切的认可和好处。最终，越来越不知道自己是谁。

实际上，假如我不知道自己是谁，那么别人同样无法告诉我我是谁。别人至多能为你规定一个自我，而其结果就是一个伪自我。伪自我虽然能带来他人的认可，但是会引起自我异化。自我异化了的人是依靠他人的反应生活的。他不说自己想做什么、脑子里想着什么、内心感觉到什么、心中在幻想什么，而是只对来自外界的证实或者调整压力做出回应。自我异化的人，关于自我的概念可以从他对自己的看法中推测出来：他说自己永远在改变自己迎合别人，却没有得到应有的回报。

于是某一天在某一次成绩不满意的考试之后，这个学霸开始反抗了。他否认了自己过往所有的价值，所有的意义，宣称再也不为别人活着了，要过自己想过的生活——一台电脑、一根网线外加一碗饭，这就够了。所有的好成绩、好大学、好工作统统没有意义，他只想痛痛快快地玩下去，即便失去生命也在所不惜。

通常情况下学霸周围的人很难识别学霸身上所发生的事情的缘由，于是继续用世俗的利益去劝诱他，而这只能增加他的反感和痛苦，因为其他人竟然如此不理解自己，还有什么资格来和自己说话呢。有些人会被不合格的心理医生扣个"抑郁症"的帽子，做个量表，然后就宣布他是抑郁症，于是给他吃起药来。而实际上，他并不需要吃药。他们真正需要的只是一个货真价实的心理医生和他们讨论他们所面临的心理危机——寻找那个他们丢失的真实的内在自我。这就是学霸的困境，父母如果不能理解这些，就无法把厌学的学霸拉回教室。

职业目标与使命

一个家长问我，怎样培养孩子的恒心和毅力。恒心和毅力是纯精神层面的东西，要有对应的生活目标才能变成看得见的行动。对于一个孩子来说，树立的目标至少应该包含以下几个方面：成绩目标、名次目标、考上某种水平学校的目标、职业的目标和人生的使命。前四种都非常容易理解，我要重点说说后面两种。

第一种职业目标，这一点其实是非常重要的，因为只有有了职业目标，才会明确上大学读什么专业，也才能更有目的地计划考什么大学，这对学生来说才是更真实可见的目标。因为有了这个职业目标之后，他就会主动获取这方面的信息和知识，这也是他学习的动力的来源。同时我们也要看到，孩子毕竟年龄小，社会经验不足，所知不多，所以他的职业目标在成年人看来可能幼稚，可能没有机会赚钱，可能将来不能进入上流社会，所以很多父母就好为人师地帮孩子规划，忙不迭地把自己"聪明的"想法推销给孩子。这样做的家长其实忽视了一个信息，那就是孩子的想法是会随着年龄增长变化的，还没到最终做决定的时候，家长完全可以保留意见。因为即便是真的幼稚荒唐的目标，但是对孩子来说还是具有牵引作用的，而这才是最重要的。他有梦想，并且愿意为之努力。一个小目标，会创造大成就。

第二种人生的使命。有使命感的人会有用之不竭的内在动力，想必很多人会同意这个观点。所以我很真诚地建议各位家长朋友，请停下脚步，花点时间思考一下，你自己的使命是什么。因为只有自己有使命的人才能理解使命是什么，才能跳出柴米油盐、金钱权势的遮掩，看到精神的力量和价值。同时也只有自己有使命，才有能力和孩子讨论他的人生使命是什么。若能如此，你的教育将变得非常简单。有使命者有恒心，有使命的孩子可以克服一切困难，是不会厌学的。

第三章

给孩子必要的管束

Chapter 3

在孩子很小的时候，比如幼儿园到小学低年级，父母有必要替孩子多做决策，当孩子渐渐长大了，循序渐进地把决策权交给他们。这样他们在小的时候，学到了做决策的标准，长大后在自己做决策的时候有相当的依据，就不会陷入迷茫了。

电脑和手机游戏

网络不良内容对孩子的危害

互联网是人类社会伟大的发明，网络也是现代经济的基础设施。但是如果不对网络上为青少年提供的内容进行筛选，会给孩子的身心造成非常巨大的伤害。网上有这样一种说法，二〇〇〇后甚至二〇〇五后出生的孩子，被称为是"数字化原住民"，他们出生后就被电子产品包围了，甚至再夸张一点，这一代的青少年的胎教就是数字化的电子设备帮忙完成的。那么这些"数字化原住民"在网上都做些什么呢？我的一个学生说，父母和一般的所谓网络专家都不清楚网络对青少年到底有什么影响，他们能给青少年的帮助无非就是无关痛痒的劝导，再或者就是吃药了。但这两点都解决不了青少年所面对的网络问题，父母不知道网络对孩子具体有什么影响，这从客观上导致他们忽视了危害，而错过了教育孩子的最好时机。

网络消磨了青春。网络对孩子最直接的危害就是消耗了他们大量的时间，据说中小学生每天平均上网二至四个小时，甚至更多。可想而知，本该是学习或者出去户外玩乐的时间，现在都被网络填满了。很多孩子对于网络已经形成了路径依赖，每天不在网上待足够的时间，就觉得虚无；而如果关掉网络，他们又不知道要去哪里，也不知道做什么。这实际上已经成了很多孩子无法摆脱网络的困境。

网络摧毁了三观。如果只是消磨时间，那还不能完全看出网络的危害。网络内容对孩子三观的摧毁才是最令人担忧的。大部分游戏推行暴力为王、强者为尊的游戏规则，虚拟世界里的规则，很容易就被青少年迁移到现实世界中，这在现实生活中是典型的丛林法则。网瘾者将虚拟规则代入现实，一旦情绪失控，会对社会构成重大危害。在孩子们中大受欢迎的网游以暴力题材为主，孩子对暴力网游接触量越大，越会倾向于认为世界是丑恶的、他人是不值得信任的，同时对暴力的赞同度也越高，倾向于采取暴力行为解决矛盾冲突。这一切都是因为在网络世界里弱肉强食是合理的。

长时间在网络里生存，很多孩子形成了"极端实用主义"人格，他们对世界的认识，不再有理想化的追求。我的一个学生，一个初中生就告诉我说他要赚钱，因为将来追女朋友要钱，哄女朋友要钱，给女朋友买化妆品要钱。在他的心中是不相信有个女孩会因为他的人品而喜欢他的，所以他必须用物质来做诱饵。他对未来的所有期待和规划都是围绕着钱以及自己想象的可能的消费。实用主义还不是最坏的，很多青少年被网络游戏塑造成了"丛林人格"，不相信公平正义，不追求公平正义，也不愿意给别人公平正义，一切都要靠力量和实力说话，这就是他们的信念。他们崇尚力量、实力、金钱，但是却不思考实力和金钱获得的途径是否合法或者正义。

"极端享乐主义"也是最常见的价值观，在很多孩子的心中，人在这个世界上存在的意义，就在于自我满足，甚至于婚姻与性都只是满足自己的工具，而意识不到在婚姻和性中的温情、关怀和爱。如果别人不能满足自己，就会激起强烈的愤怒。这种"物化"一切的心理，是被很多孩子认为理所当然的，因为他接触到的网络世界的信息就是这样告诉他的。价值观扭曲的青少年，对包括父母在内的任何人都缺少同情感，他们只要求自己的欲望得到满足，谁阻挡自己满足，谁就是敌人。

网络退化了交往。有些孩子沉迷游戏后，不想读书，玩得开心了连饭都可以不吃。就像抽大烟过瘾一样，游戏打完后就高兴了。因为成绩下滑，又缺乏沟通，现实的挫败感和封闭的物理环境，让很多孩子的交往能力退化了。一些游戏成瘾者交流能力退化，现实沟通出现障碍。随着网瘾加深、沉溺时间变长，退化、障碍愈演愈烈，导致对虚拟世界的依赖感更强，形成恶性循环。然而愈是沉迷游戏，愈是与同学疏远，愈得不到父母的理解，家庭关系愈紧张，精神愈空虚和紧张，就愈需要网络麻醉自己。虚拟一片美好，现实一地鸡毛。最终他会觉得谁都不理解自己，就更加不愿与人往来，宅在自己的一个小天地里。

网络使一些孩子满足于想象。在网络上还有一群孩子混迹于"追文圈"，每天沉浸于"穿越""仙侠""玄幻"等这些文学内容中。我曾经看过一本非常流行的网络小说，以我个人的观点，这部小说就是网络练级的文字版，里面的主人公为了拥有绝世的技能而与人决斗，很有点像传统武侠小说里的邪恶人物，为了称霸武林而四处挑战，而他们的信条是顺我者昌，逆我者亡。孩子在这里可以得到强大的力量感，本身处于青春叛逆期，现实生活处处受挫，而在小说里唯我独尊、为所欲为的身份，正好满足了内心的叛逆需求。男孩练武，女孩恋爱。另有些女生在网络上"虚拟恋爱"，更可怕的是网文、网剧会虚构出一整套代入感极强的"粉红世界"，看惯了各种霸道总裁、腹黑深情男主角的女生，很容易活在这个处处都有完美男主准备拯救丑小鸭女孩的世界中，而对真实世界各种看不上眼。从根本上看，还是她们的价值观被摧毁了。

网络令一些孩子沉溺于色情。打游戏的是一部分人，另一部分孩子则沉浸于网络色情之中。据我的一个学生讲，只要打开手机或者电脑，不用搜索，网页上会自动推送色情内容。很多青少年晚上不睡觉，躺在被窝里偷偷浏览色情网站而不能自拔，第二天上课昏昏沉沉，脑袋里还不停闪现色情画面。正值青春期的孩子，本身就对两性内容充满好奇，而在正常的途径他们又很难获得相关知识，网络正好乘虚而入。但是网络色情往往过于夸张、暴力和去人性化，会导致青少年对两性关系形成扭曲的幻想。

网络使一些孩子迷失于邪恶。如果说对前述内容，很多家长还能有所理解的话，那对于网络上的邪恶、黑暗的内容，如果家长知道了就很难坦然接受了。各种无孔不入的邪恶动漫，充斥着血腥、恐怖、猎奇、变态等异质文化元素的内容，从美、日、韩等国大量流入国内，对青少年的负面影响更为复杂深远。邪恶动漫很容易教唆青少年形成"反社会型人格"，而一旦反社会人格形成了，纠正起来是极为困难的。据某杂志记者调查，"网络精神毒品主要有邪恶动漫与成瘾性电子游戏，而成瘾性电子游戏对部分青少年身心健康产生严重负面影响，导致自杀、他杀、自残等行为发生，农村和县域留守儿童、城乡家庭缺失或教育缺位的未成年人成为遭受荼毒的重灾人群。"

成人远远不清楚网络上的不良内容对于青少年的危害有多大，因为很多危害的后果还处于潜伏期，要很多年以后才会显现出来。但是如果等到那些后果出现了，对孩子的帮助就来不及了，必须防患于未然。

沉迷的过程

现在的学生分化非常严重，有一些人通过网络打开了视野，变得雄心勃勃。比如我的一个学生，每天在网上找各种优质的学习资源，自学世界史、自学各种语言、自学各种她想了解的知识。而另一种人则被网络消磨时光、消磨意志，他们对社会一无所知，对自己的未来漠不关心，对自己的父母毫无怜悯。如何定义网络，是一个问题。把网络当成工具的人一飞冲天，把网络当成玩具的人沉沦到底。这就是现实，价值分化，思想变异。对于某一个个体而言，网络影响的好坏不一，而对于一个群体来说，这样的分化，实际上潜藏着严重的社会危机。等十几年、二十年之后，这群人面临就业与结婚的现实问题的时候，会发生什么样的冲突？这个着实令人担忧。

如果说现在对孩子的学习动力负面影响最大的两件事是什么，我想一定是写作业和打游戏。作业和游戏俨然已经成了学习的天敌，一个推一个拉，把本来成绩不错的孩子，一步步推进厌学的深渊。孩子沉迷于游戏从行为上可分为以下三个阶段。

第一阶段：信守承诺阶段。这个阶段孩子尽管使用手机或者电脑，但是多数情况是刷刷剧、聊聊天、看看视频、读读小说之类的。这个阶段孩子只是希望在学习之余能得到一点放松，使用手机或者电脑，只是他要求的一个奖赏。从成绩方面来看，孩子的成绩还能保持自己的水平，愿意按时完成作业。情绪方面也比较平稳，和父母比较亲近，容易沟通。尽管偶尔会突破玩游戏的时间，但总体是信守承诺的。

第二阶段：随意承诺阶段。这个阶段孩子使用手机基本上只会集中在一两件事情上了，通常是打游戏、聊天，或者打游戏看视频，内容范围缩窄，对内容的沉迷加深。这个阶段打游戏就不只是简单放松了，孩子开始对游戏有更深入的要求，对自己的水平有更高的要求，同时对游戏的依赖程度也越来越高。这时通常伴随成绩下降，不完成作业，对父母说谎等一些状态和行为。情绪变得不那么稳定，经常发脾气，如果手机或者电脑被拿走，他就会以不上学来威胁。或者，不给手机就关上门，不让父母进入房间，拒绝和父母交流，当然也不会学习。这时候亲子冲突逐渐增加，但总体来说父母还控制着局势，有能力制止孩子玩游戏。孩子会信誓旦旦地给父母很多承诺，比如我只要把这个游戏打到某个级别就不打了，你给我充个值，我再玩几天就不玩了，你给我买个新手机，我就好好上学，甚至会写保证书。父母寄希望于孩子说话算数，就会满足孩子的条件。但是孩子对自己的承诺通常不能遵守，或者遵守不过三天、一周就会自己食言。这就到了随意承诺的阶段，随意承诺阶段是一个转折点，是很多孩子滑向深渊的开始。

第三阶段：拒绝承诺阶段。一个人多次违反自己的诺言，他的诺言就没价值了，既然诺言没价值，索性就不做任何承诺。到了这个阶段，孩子对游戏的依赖已经很深，他已经打某一个游戏到了一定的级别，这个级别对孩子有成就、财富和金融品的混合价值。孩子会比较珍惜这个级别，所以就会按照游戏公司的要求，按时打卡，就像上班签到一样，而一旦不能打卡，他们就可能歇斯底里、情绪失控。这个阶段的孩子特别易怒、易躁，语言充满攻击性，对父母也开始不尊重。他们会辱骂父母中的某一个人或两个人都骂，通常挂在嘴边的是"你们什么也不太懂""不要逼我""我就要玩""不用你管"之类的话，甚至有的孩子还会以死相逼，威胁自杀。这个阶段亲子之间已经完全没有有效沟通，孩子已经被游戏套牢。

第三阶段距离第一阶段通常两三个月到一个学期的时间，这几个月里，孩子无心学习，成绩自然一落千丈。有个别孩子，在某一天会突然发奋，寄希望迅速把成绩追赶上去，但通常经过几周最多一个月的努力，他们发现收效甚微，事与愿违的时候，就彻底失去信心了。至此孩子打游戏已不是放松为目的，游戏变成了刺激、逃避和发泄的工具。这时候逃课、逃学的行为就会时有发生，甚至有些孩子就干脆不去上学了，这个阶段孩子只提要求，不会做任何承诺。他对自己的一切都以"不知道"回答。此时，家庭的实际权力已经转移到孩子手上，父母对孩子已经基本没有影响力。游戏就是这样一步一步把孩子套牢的，破坏孩子在现实世界的生活，让他们在虚拟世界找到安慰。但是虚拟的成就弥补不了现实的失落。孩子在游戏的深渊中身心会慢慢出现问题。

即便孩子没有离开学校，但是他们已经变得行为单调兴趣匮乏，两耳不闻窗外事，一心扑在网络中。行为和观念的改变，一个方面是手机的吸引，另一个方面是我们今天的社会确实没有给青少年预留时间和空间。从时间上说，学校大量的课程、作业和课余的培优几乎占用了学生除了吃饭和睡觉之外的所有时间，实际上吃饭睡觉的时间也在被不断地压缩，有几个学生告诉我，他们每天去食堂都是跑去跑回的，为的就是节约那几分钟的时间。而就算有些学生没有参加培优补课，他们也面临着无处可去的窘境，最后还是要回归到网络中。

青少年需要社会化。社会化的个体一方面享有必须满足的需求，另一方面，又处于需要解释和说明意义的关系当中。它们包括物质兴趣和观念兴趣。物质兴趣主要是指对世俗的财富，比如幸福、安全、健康、长寿等；观念兴趣针对的是神圣财富，比如荣耀、高尚，或内心对于孤独的克服以及对于死亡的恐惧等。一旦缺乏物质兴趣，就会出现外在需求兴趣；而缺少观念兴趣，则会出现内在需求的问题。在物质兴趣和观念兴趣两个方面，沉迷于网络中的青少年都处于失调的状态。为了满足对网络的依赖，一些青少年付出了昂贵的代价，比如学业、健康、亲情、友情。

一般来说，第一个阶段，属于比较常态的生活，不会引起父母的警觉。第二个阶段是预防的关键，一旦发现孩子有往第二个阶段发展的苗头，父母就需要及时有效地干预，这个阶段父母处理得当，还可以逆转回到第一阶段。但是一旦到了第三阶段，父母基本就无能为力了，此时父母完全失去效能，家里的实际主导权已经旁落到孩子手上。第三阶段最有效的办法就是找到一个合适的心理老师，合适的心理老师非常重要，有好的专业水平，能被孩子接受，同时被父母信任，这样的心理老师才是合适的，找到合适的心理老师，坚持心理辅导，让孩子摆脱对游戏的依赖，获得对现实的希望和掌控感。但这时候孩子的咨询阻抗是最大的，他通常拒绝咨询，这对父母的判断、决心和影响力都是巨大的考验。只有通过考验的父母，下定决心要把孩子从网络世界拉出来，孩子才可能被拯救。而如果父母不能通过考验，孩子的未来就非常暗淡。

问题在于需求

如果要问，为什么孩子会沉迷于网络中，答案是需求。

孩子需要发展友谊。但是现实生活中他们既没有时间，也没有空间。孩子打游戏并不只是为了追求成就感，游戏现在已经成了青少年之间的话题平台，一个不参与打游戏的孩子，就有被孤立的危险。一起打打游戏，一起谈论游戏才能拉近彼此之间的距离，才能产生互相认同。那他们为什么非打游戏不可呢？为什么不打篮球、踢足球呢？因为没有足够的场地。城市里为青少年提供的活动空间太少了，即便是有的地方有一些设施，也没有吸引力。但这只是事情的一面，没有时间才是更重要的原因，孩子是没有假期的，所谓放假就是换一个地方学习，这是每个人都可以看到的现实。

孩子需要娱乐休闲。可是他们有什么可玩的呢？这又回到上文所说的困境。没有时间、没有场地、没有设施、没有项目。几乎没有可以与手机或电脑竞争的活动，孩子最容易得到的玩具差不多只有手机。最初他利用碎片化的一点时间，见缝插针地玩一会儿，久而久之行为习惯就被塑造成了，除了手机电脑对其他一切都提不起兴趣来。

孩子需要体验探索。探索未知是孩子的天性，网络正好提供了最便捷的探索途径。

孩子需要陪伴。达尔文说人是进化的产物，在进化的过程中，优胜劣汰，适者生存。今天人所具有的特质，其实是自然选择的结果，其中之一就是人需要社交。我的一个学生亲口告诉我，他如果独自一个人，什么都做不了，一个人不会出门，一个人不会吃饭，必须要和人在一起，他才感觉好。可是今天很多孩子都是独生子女，除了父母最常陪伴他的就是电脑。他和电脑为伴，电脑就是他的兄弟。曾经有一段时间，媒体热炒很多孩子上网成瘾，其实以我的观察，真正上网成瘾的孩子寥寥无几，孩子多半是因为内心孤独无法排解才上网的。还有些人在学校成绩不好，被家人批评、被老师批评，前途迷茫，心里苦闷才去上网的。所以如果说上网和学习不好有因果关系，我认为是学习不好导致他们上网，而不是上网导致学习不好。而最根本的原因也不是成绩问题，而是因为孤独。电脑虽然不能像人一样陪伴他，但可以通过电脑找到另一个同样孤独的人。两个人通过电脑互相为伴，这才是他们离不开电脑的原因。打电脑游戏也是一个道理，常打游戏的人，很少有玩单机游戏的，都是几个人团队，或一起玩。这样他们就有一种我们在一起的互相陪伴的感觉。

所以要想把孩子从网络世界中拉出来，必须看到孩子未被满足的心理需求。

远离网络

有家长问我，怎么样才能让孩子远离电脑和手机，怎样培养孩子健康的爱好和广泛的兴趣。这个话题说来话长，孩子沉迷于手机和电脑打游戏，已经从家庭问题演变成社会问题。网上也有很多评论，归纳起来有几种意见：一种是隔离法，不让小孩接触电脑和手机，限制时间接触；一种是示范法，让父母放下手机，给予孩子有效的陪伴；还有一种是有限使用法，在作业写完了，或者考试多少分，前进多少名的前提下，可以使用电脑和手机。方法不一而足，效果不尽人意。至于培养广泛的兴趣，也是一言难尽。而且这两个问题互相关联，互为短长，非此即彼。

我说说我自己的成长经验。我小时候生活在农村，村庄周围有大片的草甸子，春天浅绿，夏天苍翠，秋天枯黄，冬天斑白。之所以冬天白首，是因为落雪的原因。黑龙江的雪过了十一月份，落了不化，直到第二年春天来临。所以草甸子上一片一片的雪，覆盖了一片一片的草。草的生命力顽强，我上小学的时候流行一首歌，歌名就叫《小草》，其中有一段歌词是这样的："没有花香，没有树高，我是一棵无人知道的小草，从不寂寞，从不烦恼，你看我的伙伴遍及天涯海角，春风呀春风你把我吹绿，阳光呀阳光你把我照耀，河流呀山川你哺育了我，大地呀母亲把我紧紧拥抱……"我不知道小草是否真的有感情，是否真的寂寞，我想如果有感情，那小草是应该不会寂寞的，因为遍野都是小草，还有孩子们时不时冲进甸子里来看它们。但小草应该是不死的，野火烧不尽，春风吹又生。中国有句古话叫斩草除根，我们不见的根是本，我们见的草是末。我在农村那会儿，偶尔夏天要帮家里铲地，铲地就是除杂草，认真的人铲地要铲断草根，也有不认真的人只断了草茎。结果谁是丰年谁是荒年，到秋天就知道了。不记得谁说过，看农村人谁家会过，谁家不会过，就看地里的草和房后的柴火垛。生活在农村，能获得很多智慧。不要小瞧了日常的劳动，所有大智慧都来源于日常的劳动，哲人把日常劳动的经验进行提炼抽象，就变成了知识。

所以，让小孩远离电脑和手机，隔离、强夺或是限制都不是最好的方法，是本末倒置。因为据我所知，小孩子是因为寂寞无聊才需要电脑和手机。有一首曾经流行过的歌，是张楚创作的，歌名叫《孤独的人是可耻的》，他这样唱："这是一个恋爱的季节，空气里都是情侣的味道，孤独的人是可耻的；这是一个恋爱的季节，大家应该相互微笑，搂搂抱抱这样就好，我喜欢鲜花，城市里应该有鲜花，即使被人摘掉……"很多小孩上网就是因为孤独，无所事事。其实很多大人也是如此，坐在那里，闲得无聊，不知不觉就拿起了手机。

所以，要想要小孩离开电脑和手机，就得让他们摆脱无聊，就得让他们生活得有趣，就得让他们多姿多彩，有滋有味。

首先要让孩子了解世界。

小时候，我经常站在房后的大道上，看远方，看天，看回来或者出去的村民。我觉得我不属于农村，农村也不属于我。我要到大城市去见识现代文明，我恐惧于生活在20世纪的古代，所以我努力学习，想考上大学到城里去工作。学习很疲劳，但是从没有放弃的念头。因为我爸爸是语文老师，他是中文函授大专毕业，所以我们家有很多中文书籍。我从小就是看着这些书籍长大的，阅读激发起我的好奇心。我看《三国演义》就会有，当时的人穿什么样的衣服，吃什么饭，说什么口音的话，排兵布阵到底是怎样的形状……诸如此类的想法，所以曾经有一段时间，我想过如果真的时光能够倒流，一定回到过去看一看。不看书的时候就听收音机，听小喇叭，听各种新闻。有一段时间，全国开两会，我不记得是哪一年了，听收音机知道参加会议的有什么什么人，我就很羡慕，那时候还没有电视，不知道人民大会堂是什么样子，总之是很想知道，国家领导人是怎么在一起开会说话的。其中印象最深的一件事，就是我听播音员在播报参会人员的时候，在正式参会人员之外，还有一些"硬要参加的人有，西哈努克亲王……"这激发了我的兴趣和好奇，我想这么大的国家开会，还有"硬要参加的"，那我可不可以也"硬要参加"呢？我觉得不可能这么随心所欲，但又百思不得其解，这个疑惑就一直萦绕在心。我想去看看全国人民代表大会到底是怎么开的。我有"硬要参加"全国人民代表大会的想法大概始于小学三四年级。解开这个疑问，已经是上初中以后的事了。我上初二那年夏天，我爸爸和一个邻居去齐齐哈尔买回来一台12英寸的黑白电视机。后来也不记得是哪一天的哪一届会议了，我看电视了播报参会人员，当时特别激动，因为我要看看到底怎样才能"硬要参加"会议。最后我在电视的字幕里找到了答案，原来是"应邀参加"。好吧，我想我没希望了，谁会来农村邀请我呢。不过几年来的谜底终于揭开了，也是长了见识。在村里有很多有意思的事，春天到草甸子上抓蚂蚱，秋天在场院里看打场，都是很有意思的事。但最有意思的是听一些人说话。每个村子里都有几个讲话特别逗，特别好玩的人。某一天晚上，如果遇到他们串门，就能听他们天南地北地说一番，很有意思。能增加很多见闻，当然也有些是不能考证的村里轶事。

总之，看书、听广播和听村里大人说话，是在农村增加见识最好的方法，差不多也是全部的方法了。人只有知道了，才有机会去了解和探究。博闻强识是很重要的，因为只有你知道有外面的世界，你才会去追寻那个世界。所以做父母的人很重要，他们肩负着打开孩子眼界的重要任务，孩子的眼界打开了，才会知道，这个世界上，除了手机和电脑，原来还有那么多有趣的地方、有趣的人、有趣的事，他们才会升起去探寻的愿望。

其次要鼓励孩子尝试。

有的人天生好动，有的人爱静。我做心理医生，见到过很多爱动的孩子，他们因为在课堂上不遵守纪律，而被带到我这里咨询。其实大部分时间，我见到的那些所谓爱动的孩子，都是正常的好孩子。因为很多人有所不知的是，运动和睡眠一样是孩子生理上必需的。但是现在有很多父母忽视了运动和睡眠的重要性，写作业到晚上十二点，早晨六点多又起床，日复一日，年复一年，好不容易盼到周六周日，又要被送去各种培训班，小孩子缺少睡眠又根本没有时间运动。时间长了，对学习也失去热情了。因为学习占用了太多的时间，所以孩子对很多东西都没有尝试过，久而久之，他们的兴趣就变得固化而狭窄，生活里就只有手机和电脑了。有一个学生家长，他自己是少年大学生，十五岁上大学，他的儿子清华大学本科毕业。他说在孩子小的时候，他就带着孩子天南地北去体验，爬雪山过草地。每年放假他们就出发了，结果非但没有影响孩子学习，孩子反而成绩优异。尽管类似的例子比比皆是，但大多数人选择视而不见。绝大多数父母被莫名其妙的恐惧感包围着，不敢让孩子远离课桌。今年秋天我回过一次黑龙江老家，聊起家乡的一些事，我原以为农村的孩子会比城市的孩子自由一些，其实，现在农村的孩子也不像我小时候那样满村子跑，只有吃饭和睡觉的时候才老老实实待在家里了。那样的日子已经一去不复返。我有点同情现在农村的那些孩子了，他们没有城市孩子的见识广博，又失去了农村孩子的自由探索。农村正把他们变得脆弱。我们20世纪70年代的这些人，农村和城市的人竞争差距还不算大。城市人有城市人的见识，农村人有农村人的知识。当两种人在城市相遇的时候，还各有所长。而现在农村孩子进城，恐怕只有所短没有所长了。所以我为他们感到伤悲。

没有对生活的尝试，就不可能有对生活的兴趣。很多孩子都有这样的一种行为，喜欢听同一个故事，即便这个故事已经耳熟能详了，依然百听不厌。还有些孩子，只吃几种食物，挑食。爱听同一个故事，只吃同一种食物，从心理学上理解，是符合孩子心理特征的。因为对结果有比较明确的预期，心里有安全感。但是从学习和营养的角度，却是有害的。有一些做家长的明白这个道理，也能"狠下心"，结果他们的孩子就变得爱尝试新的事物了。而那些顺着孩子的本能愿望的家长，他们的孩子就失去了探索的热情。其实孩子真正的起跑线在家里，不在幼教机构，不在幼儿园与小学，也不在补习班里。

曾经有人观察到在动物身上有一种现象，叫印随学习。印随学习是动物出生后早期的学习方式，如刚孵化的小天鹅如果没有母天鹅，就会跟着人或其他行动目标走。奥地利动物行为学家康纳德·洛伦兹曾做过这样的实验:他把灰鹅的蛋分为两组孵化，一组由母鹅孵化，一组由孵化箱孵化。结果由孵化箱孵化出来的小鹅把洛伦兹当成了妈妈，洛伦兹走到哪儿，小鹅也跟到哪儿。如果把两组小鹅扣在一只箱子下面，当提起箱子时，小鹅会有两个去向，一组向母鹅跑去，一组则跑向洛伦兹。结果，那些刚刚孵化出来时将洛伦兹当成妈妈的小鹅，即使到了成年也依然跟着他，在他游泳的时候，这些小鹅会紧紧跟在他的后面。一旦印随作用发生，就不可改变。和印随现象一个原理，所以一个人早年的尝试和探索很重要。

第三带领孩子深入研究。

有人说专注的男人是性感的，思考的男人是迷人的。深入研究一件事，能给人带来极大的喜悦。心理学家马斯洛就通过他的研究发现，人如果经过艰苦努力然后实现了目标，会有一种高原体验和巅峰体验。这种幸福感是如此强烈，如此让人满足，以至于瞬间的幸福可以抵过过去数年的艰苦。一个因为成绩不好，又在学校打架的孩子被妈妈带来找我咨询，这个孩子喜欢研究军事和战争，他的口头禅是以牙还牙，以眼还眼。当提到曹操的时候，他竟然可以顺口说出"治世之能臣，乱世之枭雄"。对于二战的历史，也娓娓道来，能说出人名、职务和生平事件，而且他对历史人物的评判有自己的见解，不人云亦云。所以尽管他的个头不高，经常被大个同学欺负，但是他内心始终不服，始终没有投降。他运用各种战术和他的"敌人们"周旋。这就是深入研究带给他的财富，也是我有些喜欢他的原因。尽管他现在考试成绩不好，但是我觉得他比那些成绩比他好很多的人有人的价值感、存在感，有人的体温。

浅尝辄止是一种生活态度，但是习惯于对事情浅尝辄止的人，将慢慢变得固执而浅薄。当杜甫给他的儿子宗武过生日的时候，写下"诗是吾家事，人传世上情"这样的诗句，杜甫是从他的爷爷杜审言说起的。所谓书香世家，有时候是几代人专注深入做一件事情，才能在历史的天空里开一朵绚烂的花。惭愧的是，我儿子过生日的时候，我只会说一句"生日快乐"，就再没有什么可说的了。这就是差距。

最后一条生活的热爱。

我有段时间突然想吃萝卜，因为我把萝卜当成了我的水果。但说突然也不是突然，这世上哪有无缘无故的爱，哪有无缘无故的恨呢？问渠那得清如许？为有源头活水来。原因是周末应朋友邀请去了一个农场，农场的女主人曾是小学校长，因为爱好，做起了兼职农民，但尽管人是兼职，心却是全职的。因为我发现，从我们踏入农场的那一刻，直到我提着萝卜离开，我们的话题就没有一刻离开这个"农"字。对于这个农场，校长满满的都是自豪和热爱。而我因为亲手提回了从地里挖的萝卜，所以萝卜不是萝卜，萝卜变成了水果。

我在农村长大，见证了农产品产量提高，质量下降的过程。上学的时候，政治课老师讲人的学习分为直接的学习和间接的学习。直接的学习来源于自己亲历亲感，间接的学习来源于别人经验。因为我是亲历了这个过程，所以理解更深刻。艾青说："为什么我的眼里常含泪水？因为我对这土地爱得深沉……"虽然写这句话的时候我有点心虚，因为我当年就是想离开土地才努力考学的。但是时过境迁，人到中年之后，再来对比城市和农村，观念已经不同，而现在的我却是比生活在农村的时候更爱农村。

只有投入感情，才知道什么是爱。现在的孩子，视野狭窄、生活单调，就把全部的感情投入到电脑和手机里去了，所以他们爱电脑和手机。要把他们拉出来，剥夺他们的爱是不行的，只有给他们不一样的爱。因为我们不能否定人的需求，只能改变满足需求的办法。只有做过才会爱，只有爱能替代爱。这是基本的道理。如一首歌唱的那样："如果你不能交出真心对待，我想我也不会去给予你理睬，现实的生活已经有太多无奈……每个人都期待、都明白，快坦白，要爱我请深爱，如果爱，请深爱……"在萨特看来，对于人来说最为重要的是恢复人的"存在"，进行自由选择，只有这样才能获得人的价值。选择的前提是要有多的选项，知道了、尝试过、深入了解，人才能做出真正的选择。所以要想把孩子从网络里面拉出来，就得带他们在真实的世界里认识、尝试、研究，最后孩子才可能远离虚拟世界，热爱现实世界。因为——爱，做了才爱。

自律与控制

孩子需要管束

过早让孩子自己做决策，而不给他们必要的管束和指导，对孩子的心理发展是不利的。我遇到过一些来做心理咨询的学生，他们共同的经历是父母都特别民主，凡事都尊重他们的意见，很少管束或强迫他们。比如要买什么颜色的衣服，上什么课程，见或不见什么人，父母总是依从孩子，不提反对意见。这样的孩子看起来特别懂事，很小就独立了，处理事情井井有条。但是在这些成熟稳重的表象背后，隐藏着的是一颗迷茫的心。尤其是到了初高中以后，这种孩子内心的迷茫感会越来越重，有一些孩子甚至到了弥漫性焦虑的程度。这是过早获得自由的代价，因为孩子在思想不成熟、见识不丰富的时候，就承担了做决策的责任，力小任重，最终不堪重负，心理被压垮了。可以这样说，父母过早让孩子自己做决策，实际上是父母自己回避了应该承担的决策责任。因为决策总是伴随着压力，父母没有承担这份压力，压力就落在心智不成熟的孩子的身上。

从另一个角度分析，父母替孩子做决策，看起来是对孩子的限制，但是同时也给孩子指明了方向，这也是一种指导。而从小就自己做决策的孩子，缺乏来自父母的必要的指导，所以才会在表面的坚定和沉稳背后，隐藏着迷茫和不安。所以在孩子很小的时候，比如幼儿园到小学低年级，父母有必要替孩子多做决策，当孩子渐渐长大了，循序渐进地把决策权交给他们。这样他们在小的时候，学到了做决策的标准，长大后在自己做决策的时候有相当的依据，就不会陷入迷茫了。

自律与他律

孩子不是出生就懂得是非对错的，他是在成长的过程中学习到这些知识的。孩子也不是出生就有自律的能力，自律也是经过学习和训练才获得的。心理学家皮亚杰根据儿童对规则的理解和使用，对过失和说谎的认识和对公正的认识的考察和研究，把儿童道德认知发展划分为四个有序的阶段。

一、前道德阶段

前道德阶段指儿童从刚出生到三岁的阶段，皮亚杰认为这一年龄时期的儿童对问题的考虑都还是自我中心的。他们不顾规则，按照自己的想象去对待规则。他们的行动易冲动，感情泛化，行为直接受行动的结果所支配，道德认知不守恒。例如，同样的行动规则，若是出自父母就愿意遵守，若是出自同伴就不遵守。他们并不真正理解规则的含义，分不清公正、义务和服从。他们的行为既不是道德的，也不是非道德的。

上文的意思是说，孩子在三岁以前，因为大脑的发育还不完全，思维发展也不完全，孩子没有能力形成道德观念。有句俗语，你别把我当三岁小孩子，说的就是这种现象。我们不抱怨说三岁的小孩子不懂事，因为他们本来就不懂事。

二、他律道德阶段

他律道德阶段指儿童从三岁到七岁的阶段，这是比较低级的道德思维阶段，具有以下几个特点。第一，单方面地尊重权威，有一种遵守成人标准和服从成人规则的义务感。其基本特征是：一是绝对遵从父母、权威者或年龄较大的人。儿童认为服从权威就是"好"，不听话就是"坏"。二是对规则本身的尊重和顺从，即把人们规定的规则，看作是固定的，不可变更的。第二，从行为的物质后果来判断一种行为的好坏，而不是根据主观动机来判断。例如，认为打碎的杯子数量多的行为比打碎杯子数量少的行为更坏，而不考虑有意还是无意打碎杯子。第三，看待行为有绝对化的倾向。道德实在论的儿童在评定行为是非时，总是抱极端的态度，或者完全正确，或者完全错误，还以为别人也这样看，不能把自己置于别人的地位看问题。第四，认为受惩罚的行为本身就说明是坏的，还把道德法则与自然规律相混淆，认为不端的行为会受到自然力量的惩罚。例如，对一个七岁的孩子说，有个小男孩到商店偷了糖逃走了，过马路时被汽车撞倒，问孩子"汽车为什么会撞倒男孩子"，回答是因为他偷了糖。在道德实在论的儿童看来，惩罚就是一种报应，目的是使过失者遭遇跟他所犯的过失相一致，而不是把惩罚看作是改变儿童行为的一种手段。

俗语说，三岁看小，七岁看老。孩子三到七岁之间是道德发展的关键时期，也是培养自律能力的关键时期。这个阶段父母对孩子有绝对的影响，上行下效，这个阶段最明显。三到七岁之间是建立家庭规则和培养孩子习惯的窗口期。家庭的规则需要清晰、稳定、合理、易遵守，这些非常重要。比如在吃饭的时候能不能看电视这件事情上，如果父母认为不可以。那就要坚持这个原则，不能因为某一天孩子闹得厉害了就可以看，换一天父母生气了又不可以看。这样会给孩子一个印象，所谓的规矩是可以打破的，只要自己意志坚定就能实现愿望。这样孩子在未来就会变得随心所欲，并且很容易撒泼耍赖，就更谈不上自律了。正因为家庭规则清晰、稳定、合理非常重要，所以父母在思考和制定这些规则的时候，有必要慎重思考，允许和禁止都有依据。没有人喜欢单方面被强加在自己身上的限制，所以制定规则的时候和孩子充分沟通很有必要，当然，最后的决定权肯定在父母这里，这样的规则才容易被孩子认同和遵守。

三、自律道德阶段

自律道德阶段也称合作道德阶段，指儿童从七岁到十二岁的阶段，此阶段的道德具有以下几个特点。第一，儿童已认识到规则是由人们根据相互之间的协作而创造的，因而它是可以依照人们的愿望加以改变的。规则不再被当作存在于自身之外的强加的东西。第二，判断行为时，不只是考虑行为的后果，还考虑行为的动机。第三，与权威和同伴处于相互尊重的关系，儿童能较高地评价自己的观点和能力，并能较现实地判断他人。第四，能把自己置于别人的地位，判断不再绝对化，看到可能存在的几种观点。第五，提出的惩罚较温和，更为直接地针对所犯的错误，带有补偿性，而且把错误看作是对过失者的一种教训。

道德发展阶段，固然是和年龄有关，但所谓三岁、七岁、十二岁，只是一个平均年龄，具体到某个孩子，时间可能提前也可能滞后。而且并不是所有的人都可能发展到道德的较高阶段，有的人终其一生都没有过渡到自律阶段，一生都过着放任自己的生活。所以家长朋友不必拘泥于具体的年龄，关键要考虑孩子的心理成熟到什么水平了。孩子随着年龄增长，知识水平增加，逐渐学会了换位思考，学会了从别人的视角看问题，孩子的进步与父母的指导启发是分不开的。这个阶段的父母教育任务就要包含指导孩子与人合作、区分动机和后果、互相尊重、换位思考、不绝对化。从父母这里得到的指导比较多的孩子，会更快地发展道德自律。这就是有家教和无家教的区别。

四、公正阶段

公正阶段指儿童十二岁之后的阶段，这个阶段，儿童的道德观念开始倾向于公正。儿童不再刻板地按固定的规则去判断，在依据规则判断时隐含考虑到同伴的一些具体情况，从关心和同情出发去判断，这个阶段的儿童开始以自己的价值观为准绳。不过根据研究道德观能发展到公正阶段的人并不多，绝大多数人只能做到从自己的视角看待问题，有限度地换位思考而已。

有的人不喜欢了解理论，我常听人和我说，你不要给我讲理论，只要告诉我怎么做就好，实际上，如果父母不了解理论，是不可能知道怎么做合适的，知其然不知其所以然的方法，会因为过于刻板而无法施行。举个例子，一个家长问我，孩子睡觉的时候，应该把手机放到他的房间么？这个问题要怎么回答，放还是不放。这就必须要分析。这就好比问是否要借钱给某人，借钱与否要视那个人的信用和理由而定。如果来借钱的人信用好，理由也充分，那自然可以考虑借给他。否则就另当别论了。如果孩子处于他律期，那自然不能放手机在他卧室。如果孩子处于自律期，那就要分析他的自律水平怎么样。如果他的自律水平并不好，把手机放在孩子的卧室，无疑是引诱孩子晚上不睡觉偷偷玩手机。这个问题的实质还在于这些孩子还没有在成长的过程中学习做选择、犯错误、承担后果，于是就陷入了"获得自由—混乱的行为—自由被剥夺—争取自由"这样的循环当中，循环的结果是孩子和家长互不信任。

培养自律的方法

为什么有些父母教育孩子比较轻松，另外一些父母就比较吃力呢？其中一个很重要的分别在于是否培养出孩子的自律性。自律性好的孩子，不需要父母特别操心就把学习和生活安排得井井有条，自律性不好的孩子，每天需要父母监督，还经常和父母起冲突。孩子缺乏自我约束能力反映出父母放松在纪律方面的要求，没人看管的孩子很快就能学会放纵自己。家长也知道需要提高孩子的自律性，但是大部分人又不知道怎么做才能提高孩子的自律性。

提高孩子自律性的三个方法：做事有条理；行为有规矩；凡事考虑后果。

做事有条理。

当父母为孩子规划有条理的生活时，就是在教他怎么规划自己。比如做事先做什么，后做什么，比如放学回家先写完作业再玩，还是先玩再写作业等等。当然这里有一个前提，这种规划要有合理性，只有合理的被孩子认同的规矩，孩子才会愿意遵守。怎么理解合理性呢？打个比方，拿先写作业再玩来说，如果每天写完作业就晚上十一点了，马上就是睡觉时间，那么玩自然就不可能，这个规矩看似合理，其实是剥夺了孩子玩的权利，实质上是不合理的，这个就很难让孩子遵守。当规矩定得合理了，孩子也认同了，那么就可以强迫孩子在父母的要求下抑制自己的冲动，等他们长大了，需要自己规划时间，他就会拥有这个能力控制自己。如果孩子能有条理地规划生活，就不太可能做事拖延了。

行为有规矩。

孩子需要清楚地知道父母对自己的期望。有规矩就要遵守规则，当家长为孩子规划好了有条理的生活，总体安排比较确定，在合理范围内又有些灵活可变的空间，那么随后让孩子完全明白规则就非常重要了。在某种程度上，自律能力就是能制定清晰的规则，并且让自己有能力遵守。作为家长要确保规则清晰明确，适合孩子的年龄，易于遵守。如果规则不容易遵守，自然会被经常打破，那么规则的权威性就降低了，而且还会成为冲突的导火索。另外一点也很重要，就是不要毫无理由地不经孩子同意就改规则。

凡事考虑后果。

孩子必须知道如果不遵守规则会有什么后果。后果要清晰、明确合理。所谓合理就是和孩子犯的错误相匹配，不能小事大罚，大事小罚，要赏罚分明。最重要的是后果要确保执行，后果的执行不能取决于父母的心情或者精力。如果因为父母心情好或者精力不好，就放弃惩罚，赶上父母心情不好或精力充沛就要惩罚孩子，那孩子就会认为所谓的规则就是摆设，所谓的后果无非是大人的情绪发泄。孩子需要知道家长的反应是什么，知道父母是认真的。如果没有后果约束，孩子只会学会打破规则，孩子就会变得缺乏自律。

有一个家长告诉我，他是怎么做到让孩子认真吃饭的。他说他的孩子每天吃饭很磨蹭，而且边吃饭边看动画片。他多少次管教都没有效果。某一天他受到公司管理方法的启发，结果一下子就解决了孩子吃饭磨蹭的问题。一天晚饭的时候，他和孩子说，你吃饭太慢了，这样不行，你得加快吃饭的速度，而且吃饭的时候不能看动画片。孩子根本就没想到爸爸会来真的。点头答应。他又反复和孩子说了两遍，告诉孩子这是认真的，从明天开始啊。孩子边看动漫边点头。第二天晚饭前，他又和孩子说，吃饭的时候不能看动漫，要好好吃饭，孩子还点头。他就把动漫给关了，说好好吃饭吧。孩子这时候才明白爸爸要来真的了，很不高兴，吃饭更不认真了。他没再说什么，也没发脾气，任由孩子闹了一顿。第三天，晚餐，他在准备吃饭的时候就把动漫关了，要求孩子好好吃饭，并且这次让孩子看时间，告诉他到了几点就不能吃了。孩子心情不好，没吃几口。到了时间全家人都吃完了，就把碗筷收拾好了。结果孩子晚上饿了，妈妈找了些零食吃了后就睡了。到了第四天，他如法炮制，关动漫，给孩子看时间，重申吃饭的规矩。这次孩子当然也没认真吃，因为很长时间养成的习惯，改过来确实有难度。吃过饭以后，家长把孩子的剩饭剩菜都倒进垃圾篓了，然后又把家里不多的零食也一并倒进垃圾篓了。然后带着孩子下楼扔垃圾，找小朋友去玩。孩子玩得很高兴，父子俩都很高兴，天晚了，高高兴兴回家。结果到家后，孩子说我饿了。可是没有东西吃，能吃的东西，刚刚都扔垃圾桶了，孩子自己也知道。妈妈忍不住了就说我给你做点吧，爸爸说不行，饿了也要坚持。孩子自然难受，又哭又闹，一家人折腾到半夜。最后孩子也累了，自己也知道肯定是没有东西吃了，而且这个事已经说了四天了，他自己也知道。无奈就饿着睡了。第五天，他爸爸和第四天一样，吃过饭将孩子的剩饭剩菜一起倒掉，零食不进家门。后来的结果是，孩子吃饭的习惯变好了，父亲的权威还增加了。

以上是一个真实的事例，这是个深圳的孩子，最后考上了清华大学，孩子的爸爸说考上清华是运气。上清华固然有运气成分，但是父母的成功教育，才是根本的原因。最后再重申一遍，提高孩子自律性的三个方法：做事有条理；行为有规矩；凡事考虑后果。

写作业拖延

有家长问我，孩子写作业的时候拖拖拉拉，怎么样才能让他把作业写快一点。写作业拖延是很多孩子不自律的表现，个中缘由不一而足。有些孩子是因为不会写而拖延，有些孩子是因为写完了又被加作业而拖延，有些孩子是因为抵御不住吃喝玩乐的诱惑而拖延。这里有孩子心理的因素，有能力的因素，也有家庭教育的因素。所以要解决孩子拖延问题，首先要分析清楚孩子拖延的原因是什么，然后针对性地思考解决办法。

第一招：消除心理误解，对作业有合理认知

误解一，他们误以为真正有效率的同学总是处于积极的、精力充沛的状态；马上可以进入写作业状态，快速地写好作业并得到解脱。而他们自己之所以拖延就是因为缺少这样充沛的写作业的动力。实际情况是，动力是随着行动产生的，而不是行动随着动力而来。当孩子真正面对眼前的任务，动笔开始写作业时，它常常并没有想象中那么难受。而一旦迈出一步，进入状态，他们会开始为自己的进步而感觉良好，动力就会随之而来。

误解二，有一种错误的观点，就是认为事情应该是容易的，作业应该是简单的。很多孩子以为成绩好的学生总是感觉很自信，很容易就把作业写完了，因为他们自己没有这样的感觉，所以他们认为自己永远不能成功。实际情况是，困难因为不懈努力而变得容易。那些有信心、学习好的学生正是因为先有刻苦的努力，先有行动，才获得良好的感觉而充满信心。所以对作业的难度有合理的期待是非常重要的，对困难有合理预期，可以减少遇到困难时的沮丧感。

误解三，如果不能写对，写作业就没有价值。实际情况是，写作业的一个重要功能是检查孩子是否真实掌握了所学的内容，作业上体现的错误，正是发现所学不足的方式。如果大多数孩子都犯有同样的错误，则说明老师的教学有问题，所以作业也是老师检查自己教学质量的凭

据。消除误解可以增强孩子写作业的信心。消除畏难情绪，理解写作业的意义，孩子就容易专注投入了。

第二招：回避引诱和分心物，回避纵容者

很多孩子写作业拖延是因为边写作业边看手机，或者边听音乐，也有的孩子坐不了几分钟就起来吃水果、喝水、喝牛奶。这些都是因为有引诱孩子分心的物品。所以在孩子写作业的时候，把这些东西拿开很有必要。把容易引起孩子分心的物品，拿出写作业的房间，把要喝的水和牛奶提前准备喝完。在开始写作业前做好准备工作，比如吃水果，上厕所，这些事同一时间做完，一旦开始写作业，四十五分钟或者一小时之内就不要起来活动。实际上让孩子培养不被分心的习惯并不难，难的是父母或者其他长辈们自己不自律。那些写作业习惯不好的孩子通常是被妈妈或者奶奶等人不时打扰的孩子，一会儿送点水喝、一会儿送个苹果，一会儿送杯牛奶。这些都是打扰和纵容孩子的人，是造成孩子写作业拖延的人，必要的时候需要把他们隔离开。

第三招：小步前进，及时奖励

写作业是渐入佳境的，尤其对于那些已经有很长时间拖延的学生。要给他一个循序渐进的改变的计划，小步前进，有成绩，就及时给他一些鼓励。关键是从行动开始，通过持续的行动激发写作业的动力，通过不懈的努力克服困难。坚持改变，拖延症就会被打败。而一旦打破拖延的怪圈，他们就会更自信、更自由、更有力量，也更自豪。

最后要补充一点，现在给孩子减负已经成为教育共识。所以有些学校给孩子留的作业并不多，这时候有些父母觉得孩子作业太少，很快写完了，孩子有太多时间玩，这样不行，就会给孩子加作业。孩子不愿意

写父母加的作业，就会想办法在写学校的作业的时候磨蹭，挤时间玩一下，久而久之这种磨蹭的习惯就养成了。所以父母不能轻易给孩子加作业，如果觉得孩子在家学习的时间太少，不妨指导他们自习，自习的内容孩子可以掌控，父母如果不放心就检查一下自习的结果。从长远看，学会自习的孩子，学习的效果更好一些，父母的教育也更轻松一些。

良好的作息和生活习惯

充足的睡眠

根据《2019中国青少年儿童睡眠指数白皮书》披露，超六成儿童睡眠时间不足八小时。其中十三岁到十七岁青少年睡眠不足八小时超过百分之八十；六到十二岁儿童睡眠不足比例超过百分之三十。繁重的课业压力是影响孩子睡眠不足的第一因素，其次是电子产品，环境噪声，父母的睡眠习惯。由于普遍睡眠不足，超过一半的孩子是起床"困难户"。每个熬夜的人都有类似经历，熬夜过后人感觉特别疲惫，甚至第二天都情绪低落、身体困倦。偶尔少量缺少睡眠对身体影响不深远，但长期睡眠不足，就会导致注意力缺失、反应迟缓、思考变慢、记忆力受损、行为反复易怒、大脑功能减弱、判断力减退。

充足的睡眠是保证孩子身心健康的前提条件，很多做父母的人没有真正意识到这一点，为了让孩子完成当天繁重的作业，或者没有认真管束孩子玩电子产品，抑或父母本身就有熬夜晚睡的习惯，习以为常不觉得熬夜对孩子有什么不妥。长期睡眠不足会降低孩子的学习效率，而且会严重损害孩子的学习兴趣。很多孩子厌学就是因为睡眠不足，长期身体倦怠导致的。保证孩子充足的睡眠，是父母管束孩子的第一要务。

适量的运动

最容易被父母忽视的孩子的身心需求是运动。首先很多做父母的人并没有意识到运动的必要性，其次孩子的时间大多投入到学习中了，缺少运动时间，另外即便是孩子喜欢运动，身边缺少运动场地也是一个问题。但是尽管有这些现实的困难，忽视孩子运动还是有长远的危害的。运动可以促进孩子神经系统发育，这一点已经有研究证明。运动可以增强抵抗力，预防青少年抑郁，预防骨质疏松，促进新陈代谢。运动可以提高大脑机能，对大脑中枢神经有积极的调节作用，运动受大脑指挥且可以使大脑的中枢细胞处于兴奋的状态，不断地增强脑细胞的活力和大脑皮层的调节能力，使大脑思维变得更敏捷灵活。运动可以减压，运动可以调节大脑的兴奋和抑制过程，防止大脑神经过度紧张而起到消除负面情绪和减轻压力的作用，而且运动后睡眠质量也得到改善，让孩子更有精力去面对繁重的学习生活。

运动还可以增加孩子的意志力。一个中学校长和我说，现在学校开学军训，就有很多家长找各种理由给孩子请假。据他观察，那些爱运动的孩子，普遍比不爱运动的孩子，性格开朗，有信心，抗压能力强，学习有潜力。最重要的是爱运动的孩子意志力更好，尤其到了初二、初三会坚持不放弃。为了孩子身心健康发展，督促或者带领孩子运动，必须提上父母的日程。

自我照料能力

培养孩子的生活自我照料能力，无疑是非常重要的。两耳不闻窗外事，一心只读圣贤书，这样的教育方式远不适应现代的教育了。道理似乎都知道，但是有一些父母依然会因为各种原因，习惯于为孩子代办所有事情，上学接送，书包替孩子背着；经常和老师保持很密切的联系，遇到孩子有什么困难，在背后就帮助他解决了；吃苹果父母把皮削好了，吃鸡蛋把壳剥掉了；洗衣、做饭、拖地的事从来不需要孩子参与。很多情况下并不是孩子不想做，是父母不愿意给孩子机会做。担心孩子做事慢，做得不够好，担心做这些事耽误写作业的时间，类似的担心都是父母不让孩子做事的理由。我有一个学生就是从小什么事都没有做过的孩子，结果等上大学住寝室了，突然感觉不适应，想家，觉得自己没用，多少次萌生退学的念头，低落的情绪花了一个学期的时间才逐渐好转。

　　有句俗语说穷人的孩子早当家，其实就是指这些孩子很早就学会自我照料了。培养孩子自我照料的能力，一般包括以下方面：在生活上能自己处理日常生活琐事，比如说做饭吃饭，卫生，购物，学习等等；在人际关系上能处理好人事关系，独立处理一些事务；在心态上能独自承受各种压力；在学习上能独立思考，独立理解。培养孩子自我照料能力，越早越好，要允许孩子犯错，允许孩子慢慢学习把事做好，父母必须要克服急躁情绪和过度援助的冲动，注目陪伴，静待花开。

青春期叛逆

青春期心理过渡

青春期是一个人从幼稚向成熟的过渡时期，这阶段孩子感觉自己成熟了，但是从父母眼里看孩子还很幼稚。认识上的差异，是导致青春期叛逆的因素之一。

人的智力发展不是线性的，而是表现为一个曲线，一般来说一至三岁，是人的大脑第一个高速发展时期，而青春期前后是人的大脑的第二个高速发展时期。大脑的高速发展，给青春期的孩子带来了很好的体验，同时也带来了困惑。打个比方，就好比有个人上班每个月赚五千块钱，突然有一个月开始他的月工资变成了五万，这个人一定感觉非常好，但是对于怎么样使用突然多出来的钱，他可能就不会那么理性和有规划了。

青春期就是一个智力和心理发展的高速发展的过渡时期，孩子对如何合理地使用自己的智力也没有经验。于是就会表现得矛盾和冲突，他会特别自信，也会非常自卑；他会非常粗鲁，也会特别礼貌；他也顺从，同时也反叛。这就是青春期。

青春期的过渡主要表现在以下的三个方面。

一、生物过渡

青春期最容易被人看到的是身体的变化，最明显的就是男女性征的出现，男孩子长喉结，变声，女孩子胸部发育等。身体的发育对于一些孩子来说，是一件令自己自豪和好奇的事，但对另一些孩子来说则是一件不那么愉快的事。我的一个学生，是个初三女生，就特别害怕自己胸部发育，害怕长胖，因为没有时间运动，她就每天节食，结果导致身体虚弱，经常生病。还有一个男生，上高一，因为自己脸上长痘痘，每天都照着镜子看，买洗面奶洗脸，感觉很自卑。

一般来说，从青春期开始，人开始对自己的外貌体征特别关注，注重打扮，想穿名牌。这都是正常的心理现象。只是如果对自己的身材相貌不满的话，会面临很多心理压力，有些人还会因此产生心理障碍，甚至厌学、退学。这一点特别需要家长注意。

二、认知过渡

青春期的孩子，智力增长快，思考问题的方式从幼稚向成熟过渡。这一时期他的思维从具象思维向抽象思维过渡，可以进行比较深刻的假设性思考，思考抽象事物，从多角度思考事情，有自己的道德立场。有时这会令父母感到震惊和疑虑，怎么自己的孩子看起来完全变了一个人，自己几乎都不认识他了。

有些有个性的孩子，会产生比较严重的叛逆心理。他们会挑战老师的权威，顶撞老师。还有些孩子会组织其他人一起联合起来反对学校的规章制度。处于青春期的孩子对公平公正的要求比较高，有正义感。所以他们更容易发现社会生活中的那些对成人来说已经司空见惯了的不公正的现象，并且有强烈的要求改正的意愿。

认知的过渡时期，让青少年显得多变，时而兴奋时而忧愁，开朗阳光和多愁善感可能是同一个人。一般来说，这样的状态会持续几年的时间。

三、社会过渡

很多家长都有这个经验，青春期的孩子不愿意回家。他们愿意去任何地方，但是就不喜欢待在家里。当然现在很多城市的孩子都没有表现出这一点了，因为他们的时间都被补课所占据，而且出于安全考虑，父母也不允许他们出去。但是从他们的内心需求来说，他们是要离开家庭，走进社会的。

从家庭走进社会，成为社会一员，这是青春期孩子的社会性过渡阶段。是他们探索社会的开端，其最终目的是为自己将来独立生活获得足够的经验。所以他们会在学校发展自己的圈子，自己的团体。他们在自己的人际关系网里锻炼和提高。有些家庭限制了孩子的社会探索，其实是削弱了孩子的适应能力。所以处在青春期过渡时期的青少年，他们尽管还不能准确辨别应该和什么人交往，但是尝试还是必要的。人生没有直路，所谓的直路，都是弯弯曲曲的，弯曲的才是最近的路。

过渡期就是探索期，探索期就是试错期。在心理学家埃里克森看来，在现代社会，青春期身心发展任务的复杂性，创造了对于心理社会缓冲期的需求。给青少年一段缓冲期，在这一时期中，他们可以认真思考他们未来的计划，而不必做出匆忙的决定。青少年可以在一种被鼓励和允许进行探索的氛围中尝试不同的角色和身份。

最好的理解是将心比心，如果做父母的人不能理解青春期的孩子，不妨想一想当年自己的青春期是怎么度过的，这或许是最直接的经验。如果有的家长说："我反思过了，我从没有叛逆过。"那么我推断你可能还不成熟，你需要补上青春期这堂课。

青春期权力之战

青春期孩子和父母之间的冲突，其本质根源是什么？是权力之争。成为一个自主的人，一个自我支配的人是青春期的一项重要发展任务。父母和子女之间的冲突其本质是权力之战。

我在前面讲过，成功的教育取决于父母成功地扮演好自己的角色。父母和青少年的互动过程中，有两个方面的行为具有关键价值：父母的反应性和父母的要求性。父母的反应性是指父母以一种表示接纳并且给予支持的方式对孩子的需求做出反应的程度；父母的要求性是指父母期望并且要求孩子表现出成熟和负责任的行为程度。

简单地说，一种是父母会观察自己的孩子，理解孩子的需求，对孩子具有较多的同理心。另一种是父母从自己的主观出发，以一个理想化的模板要求自己的孩子。后一种父母如果急于求成，或者要求比较严苛，表现得比较啰唆，对孩子来说，父母此类的言行就是对自己的控制。

举个例子，曾经有个家长咨询我，孩子不喜欢练琴怎么办，这个孩子喜欢画画，不太喜欢音乐。我和这个家长说最好遵从孩子的兴趣，她表示自己明白了。后来她告诉我："我知道孩子喜欢画画，但我还是决定让他学习钢琴。"所以冲突的根源是权力。青春期的孩子对权力的需求，表现为三个方面的自主。

一、情感自主

我经常听家长抱怨，说孩子不再听自己的话了，和自己也不像以前那样亲近，以前什么话回家都说，现在说得越来越少了。青春期心理发展的一个标志就是父母在孩子的心目中不再被理想化。父母感受到的失望，只是因为自己不再重要，自己付出了那么多，起早贪黑，做饭洗衣，最后自己在孩子心目中的地位竟然变低了，被孩子当成普通人来看待。

自主能力发展得较好的家庭，父母为青少年的行为确定了行为标准和处事原则，原则会得到贯彻，父母对孩子还保持影响力。发展不好的家庭，父母的影响力也几乎没有了。青春期的孩子依赖自己解决遇到的困难，不再寻求父母的支持，也不愿意告知父母。很多父母的印象是，孩子回家就把自己关在房间里，去敲门都战战兢兢，而且经常被拒之门外。

这个时期如果父母没有意识到孩子情感独立的需求，如果孩子感觉到父母同他们的情感过于紧密，紧密到了过分干涉和过分保护的话，那么孩子就会遇到心理上的麻烦，发生严重的家庭冲突。有些学生会拒绝和父母互动，焦虑、抑郁甚至学习能力和动力下降，乃至厌学。

二、行为自主

从青春期开始，孩子更愿意自己决定去做什么，对父母的要求更喜欢应付或者拖延。而且这时候，如果父母有聚会或者饭局，通常孩子是拒绝同去参加的，他更希望父母给钱，他自己买一盒方便面或者去吃麦当劳。父母会觉得孩子和自己渐行渐远，而且越来越不喜欢听从父母的安排。

这是因为青春期开始孩子心理发展，推理判断能力提升，决策能力提升，所以他们更喜欢使用一下自己的智力。随着个体成熟，他们更善于从拥有不同程度的相关知识的他人那里寻求建议，权衡利弊后自己做出决策。青春期阶段孩子在做决策的时候，受父母的影响逐渐变小，受同龄人的影响逐渐变大。父母抱怨孩子和一个品行不好的孩子在一起，并且为此而担心，这也是人们最常听到的抱怨。

三、观念自主

青春期的孩子对于道德、政治、意识形态和宗教等问题开始有自己的思考，发展出自己的价值观。他们可能会形成不同于父母的价值观念，并因此而和父母产生冲突。将他人的看法考虑在内的能力，以更为精细的方式进行推理的能力，以及预见各种做法的后果的能力，都有助于青少年将他人的看法或建议进行有效权衡，并且做出他们独立的判断。

青春期认知水平提高和心理发展，需要有一定的抽象思维水平为前提，而很多和青春期子女关系僵化的父母，实际上自己也没有发展好这方面的能力。于是才有不断的冲突，从父母的角度看子女不听话；从子女的角度看，父母太固执。

孩子自主的需求受阻，就可能爆发家庭冲突，而那些没有发生冲突的家庭，也不一定是好事，因为平静的背后，意味着孩子的心理发展可能停滞了。他们将会在未来的某一天，在工作或者恋爱中表现出不适应。

所以为人父母者，其实不应该简单地担心孩子青春期叛逆或者冲突，只要冲突控制在一个可接受的程度就好。最重要的是父母要意识到孩子长大了，要放权，让孩子发展自己的自主性，并且给他犯错的机会。

青春期家庭冲突

孩子在青春期，家庭冲突是不可避免的吗？

有句成语叫知易行难，这说明了一个道理，就是从"认识"到"行成"是有一段距离的，有些事有些人能从认识到行成，有些人和事，最终只停留在了认识的阶段。但是，很多人所不知道的是，其实说行易知难，也是成立的。比如说，很多人都会走路，但是多少人能说清楚平衡站立的原理。我们都知道吃东西不饿，但是又有多少人能说清楚能量转化的过程。所以其实知也不易，行也不难。很多人都经历过家庭的变化，但是却又很少有人真正意识到家庭是在不断变化中的。同理，家庭和人一样，是有生命周期的，在生命的不同阶段展现的状态和面临的任务是不一样的。

青春期的孩子父母之间的家庭冲突，就是因为一个家庭走进了新的阶段。在新阶段的家庭中，有很多观念之间的冲突，概括起来观念冲突主要集中在以下三个方面。

一、是非观念

在我的心理咨询室，接待最多的就是中学生，也就是青春期的学生。他们有的是因为学业原因来咨询，有的是因为人际原因来咨询，还有一些是因为家庭原因来咨询。我接待过一个学生，他和父母已经不说话了，原因是他感觉父母对自己干涉太多，而父母认为他的习惯不好。

青少年和父母更多是因为问题性质的界定而争吵，某些事情在父母看来是道德问题、习惯问题，而在青少年自己看起来则是个人选择问题。其冲突的根源是权力，即到底谁具有权威性，以及到底该听谁的。由于青春期是青少年推理能力发生转变的时期，所以个体理解家庭规则和规范的方式也发生变化。一个七岁的儿童成长为一个青少年，七岁的时候，他愿意接受妈妈关于对错的看法，当他的妈妈说"衣服不能随便扔在床上"的时候，他并不质疑妈妈说法的正确性。但这不等于他一生都愿意接受下去，到了青春期，他就会认为怎样放置衣服是个人选择的问题，并不需要父母教导对错。"这是我的房间，我把衣服放床上怎么了，我怎么妨碍你们了呢？"这是他们的心里话。我的很多学生都表达了这样的观点，他们认为，穿什么衣服，学什么舞蹈就是一个人的选择问题，他们不明白为什么父母就要把这些事情上纲上线，跳街舞的就不如跳芭蕾的，学钢琴的就优越于学葫芦丝的，为什么呀。尤其是一些没有在孩子心中建立起权威感的父母，他们会被子女看低，或者说看不起，更容易被孩子冒犯。

二、时间观念

父母与子女之间最常产生冲突的战场是关于时间的使用问题。当孩子对未来的看法变得丰富多彩的时候，父母可能开始变得有些局限了。对于青春期的孩子来说，他感受到自己已经活了多少年了，获得了足够的经验，未来还有足够的时间让自己选择人生。而对于他的中年父母来说，可能用自己还剩多少年的寿命来看到问题，他们认为时间不多，谁都不能虚度光阴。最常见的冲突是父母叫子女起床，这是很多家庭的冲突根源。此外还有使用手机、电脑的时间和外出回家的时间等。有一次一个学生家长给我打一个小时电话，抱怨孩子不按时起床，她认为这件事象征意义极大，从小了说是不珍惜时间，往大了说是浪费青春，再深入考虑是不负责任，最终可能导致一事无成。这基本就是这位家长的思想脉络。而当我询问这个学生他怎么评价自己起床这件事的时候，他告诉我，其实他上学从来都没有迟到过，他妈妈所说的不起床，其实是周末和暑假，他想多睡一会儿。而平时的冲突则主要表现为他和父母说好了早晨六点起床，而且也定好了闹钟，但他的妈妈经常会在五点五十五分的时候闯进来，大喊怎么又赖床，然后在闹钟的声音中开始一天的第一次争吵。这样的情形周而复始，所以我的学生说自己也很无语。其实我能理解我的学生。

最多的冲突其实还是关于孩子玩电子产品的，很多家长抱怨孩子说话不算数，答应好玩十分钟电脑，最后经常演变为一个小时，对此一般的学生都会承认父母说的是事实，但同时表示自己没有办法控制自己。

三、家庭观念

在青春期中，家庭功能也发生了重要的变化。在婴儿期、儿童期中，家庭的功能和职责是相当清晰的：养育，保护和社会化。尽管在青春期这些功能仍然是重要的，但是青少年更需要的是支持而不是养育，是指导而不是保护，是指明方向而不是社会化。我遇到很多家庭父母和青春期子女之间的冲突都是因为饮食起居之类的琐事，还有一个最重要的冲突来源就是关于写作业的。一些家庭的父母意识到了家庭功能的变化，他们自己的观念也相应变化了。而另一些父母没有意识到家庭功能的变化，还固守从前的观念，冲突就产生了。这时候，最重要爆发家庭冲突的事情，是父母对青春期孩子生活琐事的事无巨细的要求，"你去刷牙""你去睡觉""你不要穿这件衣服"诸如此类的。

冲突的最根本的根源，在于父母亲固化的家庭角色适应不了新时期的家庭任务，作为中年人的父母，正值个人的社会地位和工作职务的巅峰时期，但是他们必须意识到，在家庭中，他们的权力和地位正在被削弱。冲突主要发生在那种父母的观念非常顽固的家庭中，他们对自己的思想行为有过度的自信，而且观点缺乏弹性，不可讨论。用我的一个学生的话说，就是他的父母有"迷之自信"，而自己的过去就好像是殖民地的人民，现在世界的形势变了，殖民地要求独立，殖民地人民起来反抗了，他们要求必须进行改革，可是殖民者不愿意。

还有一个因素需要补充一下，我们常说当青春期遇到更年期。青春期的孩子父母在四十岁左右，也是中年危机来临的时候。很多人事业和心理产生落差和挫败感，然后把情绪带回家，反映在对子女的教育上，也是不可忽视的家庭矛盾根源。

知易行难，还是知难行易。我想这两点对于很多家长来说同时存在。对青春期孩子的身心变化，对自己的身心变化，既不清楚地知道规律，也难以完全按照理性指导行事。所以家有青春期的孩子，冲突是必然的，不冲突是偶然的。冲突不可怕，因为随着时间推移，父母和孩子都将学会适应新的关系和新的状态，形成新的平衡。王阳明说，行为知之始，知为行之成，知行合一。我想如果哪位父母能做到这一点，那作为他的子女将是非常幸福的。

青春期与更年期的冲突是必然的，曾经有一句话说，人类之所以进步，主要是因为下一代不怎么听上一代的话，这是有道理的。世界的未来必然属于孩子，青春期是父母和孩子在观念、权力和心理各方面此消彼长的过渡时期，是孩子承担责任和任务的人生起点。父母能以宽容之心看待孩子和自己的不同，鼓励孩子去探索，鼓励孩子去奋斗。当冲突来临的时候，克服愤怒、气馁的心理，避免冲突升级。无论何时，父母都要坚信一点，只要孩子内心正直，明辨是非，勇于奋斗，他就有光明的未来。

中学生恋爱

爱的教育

有一些父母出于各种理由担心读书的孩子谈恋爱，并把中学时候的恋爱称为早恋。无疑现实生活中确有一些孩子因为恋爱荒废了学业，但是就如大禹治水一样，堵并不是办法，关键还是要疏。因为"爱的欲望存在于人的本性之中"。爱情是人类高尚的情感，但是什么是爱情，应该怎样去爱自己的恋人，为了不因"恋爱"而误入歧途，每个孩子都应该得到爱的教育。

爱情是个人内心世界的圣洁情感，这是苏联著名的教育家苏霍姆林斯基的观点。他说："爱情的道义力量能使人变得高尚，养成最高贵的品质，如人道主义、同情心、敏感。"心理学家也有人提出，当人陷入爱河的时候，是心理防御机制的开放，两个人仿佛融为一体，充满无条件的信任和无条件的关爱。恋爱的人心有灵犀一点通。可见爱情是超越的，超越阶级性质和实用主义。因此苏霍姆林斯基认为"教育工作的经验表明，对男女青年谈谈什么是爱情，不仅是可以的，而且是必要的"。他同时又讲到"教育工作在这一方面的主要缺点是，在青少年形成精神面貌时期，爱情教育问题没有完全列入德育之内"。教师应该为青少年的性冲动做好心理准备。对青少年爱情的不尊重，会让青少年产生怨恨、妒忌等不健康的情感。

爱情的道德义务。"学生在与人进行精神交流时，不仅要探索如何满足自己的需求，同时要承担道德义务。"爱情有高尚的精神交流特点，也有肉欲的占有特点。"一个人的精神需求越贫乏，就越可能堕落，以致去寻找新的寻欢作乐的手段。"要在青少年中进行承担责任和追求高尚情操的教育。这样青少年就会以此要求自己和筛选恋爱的对象。如果没有高尚的承担责任的心理，青少年的爱情就陷入了肉欲的错误道路。

鼓励青少年追求精神的爱情的前提，是培养青少年的友谊。苏霍姆林斯基说："爱情也需要具有友谊的各种特点，如目标、观点、信念、生活理想一致，彼此追求一致。"爱情是友谊的最高阶段。反观我们目前教育界，隔离男女生的做法，显然和培养友谊的做法大相径庭。"一个人到了成年时期，他的情感，爱情是否高尚，取决于他在青少年时期爱什么，恨什么，同情什么。"在我们的学校中似乎不承认男女之间有友谊，只要男女交往必定扣一个"早恋"的帽子。这也是在成年后青年男女面临婚姻待价而沽，冷面无情的缘故。因为在中学阶段并无男女之间友谊的经验，成年后当然是议价婚姻。

智力全面发展可以使人获得无价的道德财富，即情感财富。"了解文学、艺术、人的心灵，这会使人日趋高尚，使他能更敏锐地体察其他人的欢乐与悲伤。"这一个观点和我国著名教育家蔡元培不谋而合，蔡元培特别强调"美育"对于教育的巨大作用，我国另一个教育家夏丏尊也特别反对过分的实利主义教育，仿佛音乐、美术、戏剧、雕塑不能当吃不能当喝，因此就在教育中剔除，不甚重视，或者表面重视实质不重视。没有艺术熏陶的心灵，当然只有面包和米饭。那么衡量友谊和爱情的价值必然也以面包和米饭为依据，这正是爱情的悲剧，教育的悲剧，更是人生的悲剧。

欣赏女性美应该对女性持有尊重的态度。"许多外表并不诱人的妇女却充满魅力，这个秘密就在于她们具有精神魅力和高度的女性美。"女性要自尊自爱，男性要尊重女性。"妇女、美、艺术，这些概念紧密联系在一起永远是人类道德进步的一个重要因素。"作为一个教育家，苏霍姆林斯基同时对男性和女性提出了要求，"要精心爱护纯真无邪的爱情，要珍惜生活的恩赐，不要随意把它浪费掉。"

这并非是我鼓励中学生恋爱，人都有克制情感，不使其泛滥的必要。但是在指导孩子克制的同时，给予其关于爱情的教育，也十分必要。诚如孩子真能理解爱情的神圣性，爱情的道德义务，爱情的友谊特征，恋爱中应有的尊重，孩子就会明白发乎情，止乎礼的道理，也才会懂得约束自己的行为。

在此我非常乐意另附《苏霍姆林斯基写给女儿的一封信》原文，希望能对各位读者朋友有所启发。

亲爱的女儿：

你提出的问题使我忐忑不安。

今天你已经十四岁了，已经迈进开始为一个女人的年龄时期。你问我说："父亲，什么叫爱情？"

我的心经常为这种思想而跳动，就是今天我不再是和一个小孩子交谈了。进入这样一个年龄时期，你将是幸福的。然而只有你是一个明智的人，你才是幸福的。

是的，几百万年轻的十四岁的少女怀着一颗跳动的心思考着这样一个问题：什么叫爱情？每一个人对它的理解都各不相同。希望成长为男子汉的年轻小伙子也在思考这一问题。亲爱的小女儿，现在我给你写的信不再是过去那样的信了。我内心的愿望是：告诉你要学会明智地生活，也就是要善于生活。我希望做父亲的每一句话都能像一颗小小的种子，促使你自己的观点和信念的幼芽萌发出来。

爱情这个问题也同样使我不平静。在童年和少年时代我最亲近的人是玛丽娅，她是一位了不起的人，渗透到我内心的一切美好、明智和真诚的品质都是受恩于她。她死于战争前夕。她在我面前打开了童话、本族语言和人性美的世界。有一天，在一个早秋的寂静夜晚，我和她坐在一棵枝叶茂密的苹果树下，望着空中正在飞往温暖的边远地区的仙鹤，问我的祖母："奶奶，什么叫爱情呀？"

她能用童话讲解最复杂的事情。此刻她的一双眼睛呈现出沉思而惊异的神情。她以一种特别的、与往日不同的目光看了我一眼，说："什么叫爱情？……当上帝创造人类时，他在地球上播下了一切有生命的种子，并教会他们延续自己的后代，生出和自己同样的人。他把土地分给一个男人和女人，告诉他们怎样搭窝棚，给男人一把铲子，给女人一捧种子，然后对他们说：'你们在一起过日子吧！延续后代，我要办事去了，一年之后，我再来，看看你们的情况怎么样。'

"整整一年之后，有一天一大早，他和大天使加弗利尔来了，他看见这一对男女坐在小棚子旁边，地里的庄稼已经熟了，他们身旁放着一个摇篮，摇篮里睡着一个婴儿，这一对男女时而望望天空，时而又彼此看看，就在这一瞬间，他俩的眼神相碰在一起，上帝在他们身上看见了一种不可思议的美和一种从未见过的力量。这种美远远超过蓝天和太阳、土地和长满小麦的田野。总之，比上帝所制作和创造的一切都美，这种美使上帝颤抖、惊异，以致惊呆了。

"他向大天使加弗利尔问道：'这是什么？'

"'这是爱情。'

"'什么是爱情？'

"大天使耸耸双肩，上帝走向这对男女，问他们什么是爱情，但是他们无法向他解释，于是，上帝恼火了，他说：'那么，好吧！我要处罚你们，从即刻开始，你们要变老，你们生命每一小时，都要消耗掉一点你们的青春和精力！五十年后我再来，看看你们的眼神里表现出什么，人……'"

"上帝为什么还能生气呢？"我问奶奶。

"是的，要知道，一个人不能擅自创造连他自己本人也没有见过的东西。但是，你往下听啊！五十年后他和大天使加弗利尔又来了。看见了一座非常好的小木屋代替了原来的小棚子，草原上修起了花园，地里的庄稼已经熟了，儿子们正在耕种，女儿们正在收麦，孙子们正在绿草地上玩耍。在小木门前坐着一个老头和老太婆，他们时而看看红色的朝霞，时而又彼此望望。上帝从他俩的眼神里看见了更加美丽和更加强大的力量，而且好像又增加了新的东西。

"'这是什么？'上帝问大天使。

"'忠诚！'大天使回答说，但是，他还是不能解释。

"这次上帝更加恼火了。他说：

"'人！你们为什么没有老多少？那好吧，你们的日子不长了，以后我再来，看看你们的爱情将变成什么。'

"三年后他与大天使又来了。他看见男人坐在小山坡上，一双眼睛呈现出非常忧虑的神色，但是，却仍然表现出那种不可思议的美和力量，已经不仅仅是爱情和忠诚，而且蕴藏着一种新的东西。

"'这又是什么？'他问大天使。

"'心头的记忆。'

"上帝手握着自己的胡须，离开了坐在小山坡上的老头，面向这麦田和红色的朝霞，他看见，在金色麦穗旁边站着一些青年男女，他们时而看看布满红色朝霞的天空，时而又彼此看看……上帝站了很久，看着他们，然后深深地沉思着走了，从此以后，人就成了地球的上帝了。

"这就是爱情，我的小孙子！爱情比上帝权威大，这就是人类永恒的美与力量，一代一代地相传。我们每一个人最终都要变成一把骨灰，但是，爱情将成为赋予生命的、永不衰退的，是人类世代相传的纽带。"

我的小女儿，这就是爱情！世上各种有生命的东西生活、繁殖，成千上万地延续自己的有生命的后代。但是，只有人懂得爱。而且说实在的，只有在他善于像人那样去爱的时候，他才是一个真正的人。如果他不懂得爱，不能提到人性美的高度，那就是说他只是一个能够成为人的人，但是还没有成为真正的人。

原信行文至此，是否给您一点启发呢?

疯狂恋爱的人是谁

哪个少男不钟情，哪个少女不怀春，这是歌德的一句名言。青年男女互相爱慕，本来就是人的本性使然。既然不能做到也不应该绝对禁止中学生谈恋爱，那么问题就不应该是怎么防止早恋，问题应该是哪些孩子恋爱会影响学业，父母发现孩子恋爱了应该怎么处理更合适。

我在心理咨询的过程中发现，两种孩子容易陷入比较激烈的恋爱中，无暇顾及学业。一种孩子是从小就任性习惯的，因为缺少延迟满足的能力，无法克制自己的情感。延迟满足的心理依然适应于中学生恋爱这件事。延迟满足是一种甘愿为更有价值的长远结果而放弃即时满足的抉择取向，以及在等待期中展示的自我控制能力，其发展是个体完成各种任务、协调人际关系、成功适应社会的必要条件。具有延迟满足的能力也是心理成熟的标志。20世纪60年代，美国斯坦福大学心理学教授沃尔特·米歇尔设计了一个著名的关于"延迟满足"的实验。这个实验是在斯坦福大学校园里的一间幼儿园开始的，研究人员找来数十名儿童，让他们每个人单独待在一个只有一张桌子和一把椅子的小房间里，桌子上的托盘里有这些儿童爱吃的东西——棉花糖、曲奇或是饼干棒。研究人员告诉他们可以马上吃掉棉花糖，或者等研究人员回来时再吃还可以再得到一颗棉花糖作为奖励。他们还可以按响桌子上的铃，研究人员听到铃声会马上返回。对这些孩子来说，实验的过程颇为难熬。有的孩子为了不去看那诱惑人的棉花糖而捂住眼睛或是背转身体，还有一些孩子开始做一些小动作——踢桌子，拉自己的辫子，有的甚至用手去打棉花糖。结果，大多数的孩子坚持不到三分钟就放弃了。"一些孩子甚至没有按铃就直接把糖吃掉了，另一些孩子则盯着桌上的棉花糖，半分钟后按了铃。"大约三分之一的孩子成功延迟了自己对棉花糖的欲望，他们等到研究人员回来兑现了奖励，差不多有十五分钟的时间。后续的研究发现这些少年的学习成绩与他们小时候"延迟满足"的能力存在某种联系。当年马上按铃的孩子无论在家里还是在学校，都更容易出现行为上的问题，成绩分数也较低。他们通常难以面对压力、注意力不集中而且很难维持与他人的友谊。这些接受实验的孩子到了三十五岁的时候，又一次接受调查，这次调查发现，当年不能等待的人成年后有更高的体重指数并更容易有吸毒方面的问题。这个实验揭示了自我控制能力对获得成功的重要性。所以如果父母不希望孩子在中学时期因不可控制情感而影响学业，从小就要有意识地训练孩子自我克制的能力，也就是延迟满足的能力。

另外一种孩子，因为某些原因和父母关系疏远，也容易陷入疯狂的恋爱不能自拔。这种孩子通常生活在原生家庭不够温暖，如生活在父母离婚，亲子感情疏离的家庭中。这种孩子在青春期来临后，有极强烈的孤单感，特别需要陪伴，需要用亲密关系填补内心里情感的缺失。在完全不可能从父母身上获得亲密依恋关系的情况下，只有恋爱一个途径可以选择。所以，家庭温暖很重要。这样孩子在家庭中获得的亲密感，足够滋养他的心灵，他就不需要去外面寻找。家庭环境温暖的孩子，即便恋爱，也不会走极端，因为他们有能力平衡感情和学习，所以并不会影响成绩。

孩子恋爱了怎么办

父母担心孩子早恋，主要是担心孩子身体心理受到伤害、名誉受损和耽误学习。中学生恋爱期间难免会有身体接触甚至个别孩子有性行为。这对于身体发育和心理发育都不够成熟的孩子来说，负面影响深远。另外有些地方或有些家庭比较保守，读书期间谈恋爱，对于孩子的名誉，尤其是女生的名誉损伤问题，也是父母考虑的因素。但是最普遍的担心还是因为孩子谈恋爱荒废学业，成绩下滑，最终影响升学。所以，看到孩子恋爱了，父母也不可能心安理得地袖手旁观。

父母要用什么方式处理孩子恋爱问题，需要从两个维度进行考虑。第一个维度，恋爱对孩子行为的影响程度；第二个维度孩子的叛逆水平。兼顾这两个维度，才有可能处理好这个问题。如前文所讲，父母担心孩子恋爱，是担心孩子身心受伤、名誉受损、成绩下降，如果这几个方面确实比较严重，那父母非干预不可，不能放任，因为这时候放任相当于没有尽到教育的义务。但是如果虽然孩子在恋爱，却没有发生以上所说的影响，那干预就不是必须的，父母完全可以静观其变。另一方面，父母处理孩子恋爱时候的态度，要考虑孩子的性格。如果孩子非常叛逆，父母如果严厉了，非但不能解决问题，反而容易激化亲子关系，适得其反，那父母就需要采取相对柔和的办法。如果孩子顺从性比较好，父母有影响力，那父母可以考虑阻止他恋爱的时候稍微严厉一些。但是无论宽还是严，都要给孩子应得的尊重和理解，时刻注意到孩子有保持权利、获得关注和被接纳的需要。否则亲子关系变紧张了，恋爱也没有了，孩子的情感没有出口，容易产生不可预计的后果。处理孩子恋爱问题，是对父母的耐心和智慧的考验，也是对父母教育水平的一个测试，父母必须要考及格，才会有理想的结果。

说谎与道德

　　家里有一个说谎的孩子，父母肯定很头痛。尤其是面对习惯性说谎的孩子，父母更是无奈，劝说和惩戒似乎都不太奏效。其实纠正孩子说谎和纠正其他毛病是一样的，那就是首先要分析问题，清楚问题出在哪里，然后再相应地寻找解决方案，最后才是行动，这也是有调查才有发言权。从说谎的心理分析，孩子说谎的动机可以归结为四类：讨人欢心、夸耀自己、获得利益和自我保护。

　　讨人欢心而说谎。讨好是人类的普遍行为，生活中随处可见讨好的影子。当一个人心理处于弱势的时候，讨好行为最容易发生。人们见面的时候的寒暄问候，其中就包含很多讨好行为和谎言，比如，"你今天看起来气色真好""你一点都不见老""你这件衣服真好，在哪里买的"这些话未必是真的，但是人们也不会特别追究这些话的真假，因为说话的人只是借此表达善意而已。只要留心观察，就会发现生活中很多类似的事情。如果孩子有为了讨人欢心而经常说谎的行为，那说明孩子一定是感觉自己处于弱势地位了，处理问题必须处理根源，这时候父母就要想办法帮助孩子摆脱弱势的心理地位。当弱势心理地位摆脱了，讨好说谎的动机没有了，说谎行为才可能停止。

　　夸耀自己而说谎。前文讲过人都有物质自我、精神自我和社会自我这三个自我。人通过对这三个自我的确认，获得自信或者自卑，高自尊或者低自尊。当孩子感受到自卑或者自尊受到威胁的时候，就产生了夸耀自己的动机。通过自我夸耀，获得别人的认同和羡慕，以此掩盖内心的虚弱。所以，帮助这样的孩子，其主要的方式在于帮助他获得自信和自尊，分析孩子的认知方式，指导他通过努力和成就来获得长久的尊重，放弃通过谎言获得的暂时的认可。同时要指导孩子发展延迟满足的心理，给自己一个足够长的期限，实现目标。

获得利益而说谎。有本书写道谎言是人类最古老的语言，为了利益而欺骗的事情，贯穿人类的历史。孩子说谎大多数时候还是为了获得某种好处。我遇到过一个孩子，父母离婚后和爷爷奶奶一起生活，因为疏于管教，养成了攀比浪费的习惯，为了得到钱而经常说谎。他会先和爷爷要，说学校要交什么费，收费这个事可能是真的，但是他在爷爷这里拿到钱后，又会找妈妈和爸爸各自再要一份。和父母要钱的时候，他会编造谎言说没有在爷爷这里拿钱。尽管到后来他的谎言经常被拆穿，他也依然如故。为了获得利益而说谎的行为属于心理和品行问题，通常处理起来比较难。遇到这样的孩子，家庭成员之间放弃前嫌，及时互通信息，不给孩子可乘之机是前提条件。给孩子必要的惩戒，让他承担说谎的后果也非常重要。

自我保护而说谎。有些孩子说谎是出于自我保护。父母或者其中的一个人脾气暴躁，打孩子比较重，那么孩子就会养成隐瞒说谎的习惯。我认识一个孩子，他的爸爸对他期望甚高，脾气又特别暴躁，在孩子读小学的时候就认为将来的目标是考上清华，所以完全不能容忍孩子考试马虎出错。这个孩子总担心他爸爸会哪一天失控了把他打死，所以考试就特别紧张，紧张就容易出错，越出错越紧张越恐惧。考试考不好就想办法骗他爸爸说没发分或者自己悄悄藏试卷、改分数，这些当然没法长期隐瞒，但是为了不挨打，孩子也没办法。发展到最后，孩子的妈妈已经发展成同盟了，和孩子共同欺骗他爸爸。这就是典型的为了自保而说谎的例子。所以任何时候，惩罚水平都必须和犯错的程度相适应。期望太高，宽严不济，小错大罚，大错小罚都是不合理的，只有这些不合理的管教方式改了，给孩子一个安全宽容的生存环境，孩子才可能敢说真话，不说谎话。

孩子说谎是道德问题，也是心理问题，同时还是教育问题。教育孩子诚实，只是阻止说谎还不够，还要从认知上让孩子意识到说谎不是负责任的行为，是一种错误的行为。同时还要从孩子说谎的动机方面去理解问题，帮助孩子，帮助他用合适的方式面对困难，消除说谎的动机。最重要的一点父母需要反省自己的教育方式。过于宽松，在孩子犯错的时候没有相应的惩戒，孩子就意识不到说谎是一件很严重的错误；过于严厉，孩子为了自保，不得不做出说谎的选择。这些教育失误都必须避免。唯如此，才可能培养出诚实可信的孩子。

听话还是讲理

有理走遍天下

做父母的人大多有一个共同的烦恼，孩子不听话。但是事实上让孩子听话还不是最好的教育，最好的教育是让孩子讲理。强调让孩子听从父母，这在孩子小的时候是没问题的，尤其是在青春期以前，孩子总体上是没有什么反抗的。但是到了青春期，孩子权利意识增强了，不可避免要挑战父母权力，这时候还要求孩子听话，就做不到了。另外哪里有压迫，哪里就有反抗，父母在孩子力量不足的时候，过分使用力量和权力，那么当孩子长大了，就会造成性格遗传，他也只相信力量和权力。而青春期乃至以后孩子力量逐渐增强，慢慢地父母就失去掌控了。因此强调听话的教育，只能在孩子很小的一段时间有效，而且隐患很大。

比较好的教育方式是让孩子讲理。这里说的讲理，不是说父母每天给孩子讲道理，事实上绝大部分父母是没有能力把道理讲清楚的，很多时候父母是把后果当成道理在讲。比如说有的父母会和孩子讲"不好好学习将来就去要饭""不好好上学将来就去扫大街"。这听起来像是讲道理，但实际上，这只是告诉孩子一个做事的后果，而孩子并不一定相信父母所说的后果，即使相信，那也是很多年以后的事，而孩子思考的是眼前。

　　我说的讲理是指人应该遵守的行为规范，比如"己所不欲，勿施于人"，这是做人的道理，你需要父母尊重你，那你就得尊重父母。再比如"每个人享受权利必须履行相应的义务"，九年制义务教育，对于孩子既是权利也是义务，你有权利去上学，也有义务学好。你有受教育的权利，就有遵守学校规章的义务。这就是道理，这是谁都不能否认的，谁否认那就是不讲理，不讲理就会有相应的社会规则惩戒他。如果孩子从小就明白做人应该讲理，那么当他长大了和父母有分歧的时候就比较好处理了，大家坐下来谈，看谁有理就听谁的呗。所以从长远看，成功的教育，必然是教孩子讲理的教育。

第四章

给孩子足够的教导

Chapter 4

情商培养是贯穿孩子成长过程的，其实比培养孩子情商更难的，是父母要提高自己的情商，只有自己的情商提高了，做一个高情商的父母，才有可能培养出高情商的孩子。

友谊和人际交往

孩子的情感需求

不同年龄的孩子，与人交往时的情感需求是不一样的。婴儿期的孩子需要的是亲密，父母耐心的照料，对孩子的需求及时发现，及时满足。让孩子感觉到世界是安全的，父母是万能的，无时不在的，这是孩子最需要的，也是孩子一生心理健康的基石。幼儿园时期的孩子，最主要的情感需求是陪伴，他总是喜欢和父母在一起，和老师在一起，和小伙伴在一起。但是陪伴不是在一起就够了，孩子需要的陪伴是父母的注意力在孩子身上，关注孩子的行为，及时给他反馈，陪他一起游戏，这些才是有效的陪伴。小学时候的孩子需要接纳，尤其是父母和老师的接纳很重要，接纳是指无论孩子做对做错，在情感上他都被认为是一个好孩子。没有获得足够接纳的孩子，内心失落，可能会做出与父母的期望相反的事情，以此来报复父母。青春期的孩子需要亲密与性，他需要和同龄人有亲密的感觉，待在一起，分享感受，这时候因为身体发育，对性有持续的浓厚的兴趣。

养育孩子，不能只注意到孩子身上的变化，心理上的变化同样需要重视，时刻不忘他们在成长很重要。父母最常见的错误是没有意识到孩子长大了，继续用教育小学生的方式教育中学生。所谓知己知彼，父母需要对自己的教育方式经常反省，同时对孩子的状态要不断观察。如此才能给孩子想要的关怀。

和谁做朋友

我常听学生讲，父母要求他和学习好的同学做朋友。但是实际上如果指导孩子交朋友，学习好并不是一个有用的标准。且不说那个学习好的孩子可能被父母教育和学习更好的人交朋友呢。孩子和谁交朋友，取决于孩子为什么需要朋友，他需要什么样的人做朋友。孩子交朋友有四种心理需求。第一种心理，寻求接近，靠近待在一起。趣味相投，在一起感觉很放松，很愉快，仅此而已。为什么小时候的朋友情谊深厚呢，就是因为小时候没什么功利心，朋友在一起纯粹出于互相吸引。第二种心理，安全港湾，在面临压力的时候，求助于依恋对象寻求安慰和支持。一个好汉三个帮，孩子在学校生活，就是生活在他们的社会里面，儿童社会和成人社会并不完全重合，有些事情，只能在儿童社会里解决，成人能帮的忙有限。比如说孩子在学校和人发生冲突，如果他有几个朋友，这几个人就会支持他，帮助他，替他出面，有这几个朋友，他就有力量保护自己，而不会被欺凌。那些在校园被欺凌的孩子，总体来说都是因为没有朋友，才会被选为欺凌对象的。第三种心理，抗拒分离，拒绝与伙伴分开，如果分开就烦恼。我常听学生说，他最好的朋友去另一个班了，或者去另一个学校了，他也想和朋友一起去。稳固的友谊对于孩子非常重要，经常性变动会造成孩子事实上的孤立。现在有些学校动辄给学生重新分班，更有甚者，有些班级每次考试后根据分数重新调换座位，这都是违反心理学规律的管理方式，非常不利于孩子心理健康。最后一种心理，安全基地，将伙伴当作基地来寻求新奇环境或大胆探索。有一些孩子有共同的志趣，所以会聚集到一起，去研究去探索。不过比较可惜的是，现在孩子们这样的聚集越来越少见到了。根本原因是上课和写作业占用了他们的几乎所有的时间，没有时间找到志同道合的人，也没有时间发展爱好。

所以指导孩子交朋友，需要理解孩子的心理需求，更多考虑孩子的心理和性格因素，找到真正互相关心、关注、理解、尊重和支持的人做朋友。如果一个人从学生时代就带着极强的功利心与人交往，那真是一件十分悲哀的事。

提高情商

现在每个人都知道情商和智商同样重要。但是至于情商是什么，绝大多数人不清楚。一些人就根据自己的理解，把情商理解得类似于厚黑学，见人说人话，见鬼说鬼话，隐藏愤怒，不发脾气等。这是对情商的曲解。情商这个概念的提出者心理学家戈尔曼研究发现，情商包含五个方面的心理能力。

第一方面，认识自己情绪的能力。能够准确地认识自己的能力，是情商教育的第一步，比如高兴还是悲伤，羞愧还是愤怒，失望还是得意。很多人对自己的情绪不了解，不能准确识别，也不能准确描述，所以指导孩子准确识别和描述情绪是提高情商的最重要的教育。

第二方面，管理自己情绪的能力。人的情绪是有功能的，愉悦有价值，愤怒同样有价值，否认和压抑不是管理情绪的好办法。关于情绪管理的方法，下文会详细叙述。

第三方面，自我激励的能力。当孩子遇到挫折的时候，有没有自我激励的能力，将影响他是坚持还是放弃。有些孩子写作业遇到不会的题目，马上就沮丧失去学习的兴趣了，还有的孩子考试几次不理想，就认为自己不行了，这都是缺乏自我激励的能力。自我激励可以通过几个方法实现：回顾自己过去的成功经验，思考当时是怎么做到的，从而给自己信心；降低自己的焦虑水平，或者提高兴奋水平，像运动员比赛一样，把心理调整到适合的状态；参考别人的成功经验，看和自己类似的人能否做到，如果有人做到了，那就有理由相信别人能做到的我也能做到；设置短期、中期和长期目标，循序渐进克服眼前的困难，因为面对的困难过于巨大，目标过于高远会让自己丧失信心；找到自己喜欢的座右铭，用格言警句来激励自己。

第四方面，认识他人情绪的能力。这就是共情的能力，指的是一种能设身处地体验他人处境，从而达到感受和理解他人情感的能力，共情能力是发展良好的社会关系的重要的能力。

第五方面，管理人际关系的能力。人际交往有顺境有逆境，有合作有竞争，有依赖有冲突，有承诺有背叛。能熟练处理各种关系，并且保持人格独立，这对每个孩子和父母都是巨大的考验。

情商培养是贯穿孩子成长过程的，其实比培养孩子情商更难的，是父母要提高自己的情商，只有自己的情商提高了，做一个高情商的父母，才有可能培养出高情商的孩子。

成为受欢迎的人

获得友谊固然有一定的技巧和方法，但是方法只是外在的，其内在本质还是让孩子成为一个受欢迎的人。哪些品质是受人欢迎的呢，不妨列举一下，比如博学、幽默、谈吐文雅，热情、宽厚、为人诚信、慷慨、大方、情绪愉悦、真诚、好客、乐于助人、正直、包容、乐观豁达……受欢迎的品质不胜枚举，关键是父母在教育孩子的过程中，有把孩子培养成一个受欢迎的人的意识，并且耐心地、持之以恒地教导他。

过集体生活

学生如何适应寝室的生活，也是一个重要的话题。每年都有大学生、中学生甚至小学生住进寝室，开始过集体生活。寝室关系如果处不好、寝室同学之间有冲突的话，那生活是极其痛苦的。我接待过一些学生，因为和寝室的人相处不好，要求调换寝室，但是实际上学校里面调换寝室也不是那么容易，而且正常情况下，应该把调换寝室当成最后的选项，首先学习如何与同寝室的人相处，才是努力的方向。

一、如何和寝室的人交往

如何指导孩子能够和寝室的人相处得更好一些呢？我来说几个原则。

第一，时间原则。第一时间和寝室的人建立关系。到一个新的群体，第一印象至关重要，很多重要的关系是第一天或者前几天建立起来的。第一印象形成之后就有一些人自然而然地结成了小团体。如果过了一周、两周，有些人还没有加入这些群体，还没有找到伙伴的话，他将来再想融入这些群体的困难就呈指数性增长。实际上孩子从踏入寝室的那一刻开始，就应该有意识地和寝室的其他同学建立比较好的、友善的室友关系，这个非常重要。

第二，心理原则。就是说在与寝室的人交往时要更主动、更真诚、更热情。纵观生活中的各种领域，主动、真诚、热情的人，都会有良好的、丰富的、广泛的人际关系。有孩子说我不是那种很主动的人，其实不主动也没关系，因为主动的人会到处招揽别人，就像招兵买马找部队一样，他会向不主动的人伸出橄榄枝，你只要接住就好了。你不要别人给你伸出橄榄枝，你内心想接，但是表面上是爱接不接的样子。因为热情的人和热情的人，他们更容易很快互动到一起去，他发现你不接橄榄枝，转身就找别人去了。

第三，就近原则。孩子选择交往对象的时候应该遵循由近及远的原则。到了学校第一件事是和同寝室的人建立良好的关系，同寝室的人关系紧张，生活是很痛苦的。我们以前碰到过一个高中生，和寝室中其他几个同学关系疏远，总觉得其他几个人是一体的而自己是个外人。几年下来他非常痛苦，甚至多次有辍学的想法。所以第一件事一定是花时间和寝室的人建立良好关系。其次就是和本班级的人建立良好关系，至少要加入一个三三两两的小群体。不然的话，一旦孩子落单了，在班级里待着也很难受。他会发现别人吃饭、上课、打游戏都是三三两两，自己总是落单，就会很别扭。所以，必须尽快融入班级集体。

如果是大学生刚开始到学校除了与本班级的人交往，慢慢地会扩展到其他班级、一个系、一个学院人，只要保持一个开放的心态，就会不断地有各种机缘。同学的同学、同学的老乡、自己的老乡、自己高中的校友等等，有很多这种关系。这是个天然的圈子，把他们带进去，这就是就近原则。交往的过程中一定要记得由近及远，切忌舍近求远。什么叫舍近求远呢？比如说孩子跟寝室的人关系不好，那算了，跟班级其他人关系好就可以了。这个眼前看起来是可以，但是实际上孩子跟这个人关系好，别人可能跟他自己寝室的人关系更近。别人没有事的时候、休息的时候回寝室，他很安全。孩子回不到寝室去，你回到寝室去你是个陌生人，那你就很尴尬了。你就相当于每天漂泊在外，这样你就很痛苦。不能舍近求远，不是一个班级的就更不行了。你说那我跟本班的人处不好那就跟另外一个班的人处好，或者跟某一个社团的人处好，实际上也是不行的。因为你和他们生活的时间毕竟有限，他们不算是你生活中相处特别长时间的人。你首先要和你长时间在一起生活的人，比如寝室的人、班级的人建立良好关系。如果你不能与就近的人建立很好的关系，对外的交往你也不可能持久，因为别人有他们更近的一个圈子，天然的圈子，这个是你很难撼动的。所以舍近求远很多时候让一个人的交往就陷入困境。还有一种舍近求远的方式，就是他不跟寝室人交流，拿着手机跟远方的人交流。拿着手机和高中同学和一起打游戏的陌生人，聊得很高兴，但是不和寝室的人交往的这种舍近求远的方式，短期你觉得还好，我不需要大家，我可以自己自主，但实际上你们一起生活三四年，长期来看的话，就非常恐怖了。所以切忌舍近求远，一定需要遵循就近原则。

二、如何化解室友间的矛盾

不管是时间原则，还是就近原则，实际上室友之间不可避免地会产生一些冲突。父母怎么指导孩子化解冲突，这个是很重要的。下面介绍五点化解矛盾的原则。

1.商量议事规则

当孩子到了学校的第一天、第二天、第三天，大家开始稍微收拾了一下寝室之后，最好是能推选出来一个寝室长，或者轮流做，或者竞选。这个寝室长推选出来之后，首先商定一个寝室的议事规则：我们寝室将来遇到事情咱们怎么办、遇到冲突怎么办、咱们怎么样解决争端。大家商定一个议事规则，将来出了事情就容易去解决，因为拥有规则了，相当于把法律定下来，这个很重要。寝室长和大家刚开始的时候就把寝室的一些作息时间商量一下：我们寝室几点熄灯；大家玩游戏能不能一起玩；有人休息的时候，玩的人就要注意声音、注意光，对其他人不要有影响；在哪个时间段不要影响别人，比如晚上十二点以后、中午午休的时间；有的人说我跟远方的女朋友或者男朋友在寝室视频，那我的寝室我当然有权利，然后大声说话以至于干扰别人，遇到这样的事情怎么办，有了规则大家一起遵守，就容易找到办法了。商议之后形成一个公认一个规则，大家按照一个方式来做事，就不会有冲突。

2.增进互相了解

入学的时候室友之间尽早做一个自我介绍，自己从哪里来、自己那个地方的风俗人情、特点、饮食特点、爱好、经济状况等等，这些东西大家如果事先交流一下，几个人就有了初步的了解。哦，原来他是这种人，他是那种人。这样在未来遇到生活习惯冲突的时候，事先有个预期，他是那种性格的人，他那个特点尽管我不认同、不理解，但是我明白他不是想针对我，那是他的习惯，如此一来至少可以减轻冲突的激烈程度。互相的介绍和了解是很关键的。

3.及时处理误会

其实室友间的很多矛盾，是源于误解。比如说以前我有个学生，他回到寝室就戴着耳机。后来我问他，你为什么戴着耳机啊？他说因为寝室有的人使用电脑打游戏，外放的声音很大，但自己又不能不让别人打游戏，感觉那样干扰了别人的生活。但是他自己又不愿意听那个声音，想看个书或者安静一下，他就把耳机戴在耳朵上。但他把耳机戴在耳朵上，打游戏的人就觉得他是不想和别人交流，因为你在寝室把耳机一戴，那显然就是不想和别人说话嘛！打游戏的人认为戴耳机的人高冷，戴耳机的人认为打游戏的人自我。这两个人过了一段时间矛盾爆发了，开始因为其他的小事情就争论起来，最后互相伤了自尊。到了很多天以后真实原因浮出水面，两人明白互相误解了，才开始慢慢地解决这个矛盾。真实地表达想法，及时消除误会非常有必要。

4.有磨合适应心理

要有一种磨合和适应的心理。既然我们知道每个人来源于四面八方、不同的家庭、不同的背景，知道每个人的意志、兴趣、爱好、性格各方面是不一样的，那在集体中必须有求同存异的意愿。不能觉得我就是这样的，这是我的寝室，所以我有权利如何如何。如果四个人都这么想，然后大家的权利和主张又不太一样，那这四个人就很难相处。所以在交往过程中，有适应、妥协和退让的心理非常重要，要不然就非常难以处理矛盾。

5.宽容豁达一点

对于个人来说，要有一点宽容、豁达的胸襟。锱铢必较、什么事情非要达到目的、一个小小的事情一定要上纲上线、没有宽容之心是很痛苦的。尤其在寝室里，你必须得有这样的一个心思，经过最初的磨合、有宽容之心，寝室四个人就很容易形成比较融洽的关系。有可能是两两的关系，或者四个人都是差不多近的关系，这是比较理想的。最不舒服的就是三一的关系。如果三一的关系，大家保持和平还比较礼貌，单独那个一在外边和别的寝室有友谊，那也不错。如果三一里面一和三有冲突，那这个一实际上是很难在寝室待下去的。有一点宽容的心理，让每个住在寝室的人都有被包容接纳的温暖，那寝室就是一个美好的家。

独生子女这一代人，小时候没有和同龄人一起生活过，所以当他们住进寝室以后，都需要一段时间去适应新的生活。很多孩子和室友相处不好，不是他们不愿意和睦相处，而是确实不知道有些事该怎么办，所以他们就很依赖父母指导，这对父母也是一个考验。

管理情绪

允许孩子表达负面情绪

父母喜欢情绪好的孩子，不喜欢情绪不好的孩子，这是人之常情。但是人既不能没有情绪，也不可能总保持好的情绪。情绪是人类早期赖以生存的手段。婴儿出生时，不具备独立的生存能力和言语交际能力，这时主要依赖情绪来传递信息，与成人进行交流，得到成人的抚养。成人也正是通过婴儿的情绪反应，及时为婴儿提供各种生活条件。在成人的生活中，情绪与人的基本适应行为有关，包括攻击行为、躲避行为、寻求舒适、帮助别人和生殖行为等等。这些行为有助于人的生存及成功地适应周围环境。情绪直接反映着人的生存状况，如通过愉快可以表示处境良好，通过痛苦可以表示面临困难；人还通过情绪进行社会适应，如用微笑表示友好，通过移情维护人际关系，通过察言观色了解对方的情绪状况，进而采取相应的措施或对策等。总之，人通过情绪了解自身或他人的处境，适应社会的需求，得到更好的生存和发展。

正因为情绪是不可避免的，所以父母必须允许孩子表达各种情绪，包括好的情绪和坏的情绪。父母要理解孩子每一次不好情绪爆发，都表示隐藏着一种未满足的需求。所以父母不仅要关注到孩子的情绪本身，更要透过情绪理解到孩子的需求是什么。如果孩子的需求没有被满足，而只是情绪表达被制止了，就会产生心理压抑，而压抑有可能导致心理障碍。我的一个学生，在她小的时候，父母绝对禁止她哭泣，如果她哭了，她的爸爸就会不停地吼她，直到她停止哭泣为止。结果当她长大了，就无法对别人表达不满，不敢向别人提任何需求，会不自觉迎合所有的人。所以她与人交往总是感觉自己被忽视，但是她无法直接表达不满，甚至不会哭，只有压抑，最后导致抑郁，需要多年心理咨询治疗。孩子情绪发泄过后，父母能耐心去询问孩子，为什么情绪那么激动，他需要什么，引导他表达出自己的需求非常重要。当然并不是说孩子表达的需求父母就一定要满足，如果觉得孩子的需求是不合理的，父母可以说明其不合理之处，并且告知其拒绝的理由。无论如何，一定要允许孩子表达负面情绪。

允许孩子表达负面情绪，不是说孩子就可以不受限制地发泄。管理情绪，除了学习表达以外，就是要告知孩子什么样的表达行为是可以允许的，什么样的行为是不被接受的。比如生气了，可以哭，但是不能摔东西；委屈了，可以说出来，但不能骂人；难过了，可以独处一会儿，但不能借酒消愁等。父母如果认为孩子某种情绪表达方式不对，可以等事情过去后，在孩子情绪平复的时候和他讨论，告诉他如何表达更好，这就是指导孩子管理情绪的教育。

管理情绪

每个人都需要学习管理情绪，因为任由情绪泛滥，不但自己心里不能宁静，还可能做出伤害别人的事情来。管理情绪最好的办法是知道情绪怎么来的。在此我向大家介绍美国心理学家埃利斯的情绪理论。埃利斯认为在"事件"和"情绪"之间的人的心理过程，即"信念、看法和解释"，才是产生情绪最关键的原因。比如说孩子在学校被老师罚站了，他可能会想："这个老师总是针对我，别人犯错她就不管，碰到我她就罚。"当然他也可能这样想："今天运气不好，才说一句话就被老师发现了。"可以想象，孩子两种不同的想法，导致他的情绪是不一样的。前一种可能产生怨恨老师的情绪，后一种可能是自己后悔的情绪。这就是对事件的解释不同，情绪不同的例子。

既然人的情绪受"信念、看法和解释"影响，就免不了有时会用不合理的想法解释事情，这些不合理的想法，我们可以称为扭曲的观念。扭曲的观念有很多，我在这里只介绍三种。

一、绝对化的要求

是指人们常常以自己的意愿为出发点，认为某事物必定发生或不发生的想法。它常常表现为将"希望""想要"等绝对化为"必须""应该"或"一定要"等。例如，"我必须成功""别人必须对我好"等等。这种绝对化的要求之所以不合理，是因为每一客观事物都有其自身的发展规律，不可能以个人的意志为转移。对于某个人来说，他不可能在每一件事上都获成功，他周围的人或事物的表现及发展也不会以他的意愿来改变。因此，当某些事物的发展与其对事物的绝对化要求相悖时，他就会感到难以接受和适应，从而极易陷入情绪困扰之中。

二、灾难化的结果

这种观念认为如果一件不好的事情发生，那将是非常可怕和糟糕的。例如，"我没考上大学，一切都完了""我没上重点班，不会有前途了"。这些想法是非理性的，因为对任何一件事情来说，都会有比之更坏的情况发生，所以没有一件事情可被定义为糟糕至极。但如果一个人坚持这种"糟糕"观时，那么当他遇到他所谓的百分之百糟糕的事时，他就会陷入不良的情绪体验之中，而一蹶不振。

三、过分概括的评价

这是一种以偏概全的不合理思维方式的表现，它常常把"有时""某些"过分概括化为"总是""所有"等。用埃利斯的话来说，这就好像凭一本书的封面来判定它的好坏一样。过分概括具体体现于人们对自己或他人的不合理评价上，典型特征是以某一件或几件事来评价自身或他人的整体价值。例如，有些人遭受一些失败后，就会认为自己"一无是处、毫无价值"，这种片面的自我否定往往导致自卑自弃、自罪自责等不良情绪。而这种评价一旦指向他人，就会一味地指责别人，产生怨愤、敌意等消极情绪。扭曲的观念有很多，大多数人都无法自己识别自己有扭曲观念，所以反思自省或者询问亲友才可能发现自己的问题。

理解了情绪是由对事件的"信念、看法和解释"所引起的这个原理后，父母就可以用这个理论工具指导孩子。当孩子表达对一件事情不满的时候，如果父母不从孩子引发情绪的理由和孩子讨论，而是直接否定他的结论，就容易陷入辩论和对抗，最终不仅说服不了孩子，还有可能引发争执。所以不要先肯定或者否定他的结论，先询问他为什么会不满，他不满的理由是什么。通过询问孩子不满的理由来思考他的解释是否具有合理性，如果孩子的解释是合理的，那就说明他的不满是合理的，父母也应该给予理解和支持。如果他的解释是不合理的，父母就可以和孩子讨论他的观念的不合理之处。当孩子意识到自己的问题所在，他的不满自然也就减轻或者消失了。

理解别人的观点

　　引发孩子产生负面情绪的一个常见原因是自我中心，无法理解别人的观点。理解别人观点是从他人的角度看待事物的能力，是社会技能的基础。没有这种能力的人会继续保持自我中心，不能考虑他人的兴趣、需要和权利。出生到上小学之前的孩子，无法意识他人与自己有不一样的感受和想法。小学三年级以前的孩子能意识到别人有别人的感受，但在思考自己的感受的时候，仍不能考虑他人的感受。到小学毕业的时候，孩子就能同时考虑自己的感受和他人的感受了。青春期开始，孩子可以做到去自我中心，调整相互的观点。当然以上所说的是较普遍的规律，有些孩子发育得快一些，有些孩子发育缓一些。需要特别指出的是有的人终其一生也没有学会理解别人的观点，一生都生活在自我中心的状态中，当然这样的人生活不会顺遂，和他一起生活的人也会比较痛苦。

　　任何事物都有其内在的发展规律，人的发展同样有规律。从古至今，教育学家和心理学家不断观察总结，就是为了把这些规律找出来。父母了解孩子的发展规律以后，对照自己的孩子，看孩子现在处于哪个阶段，看他实际达到了什么水平，就可以清楚家庭教育的目标。比如在对于小学三年级以前的孩子，要求他理解父母的苦心，孩子是做不到的。而到了三年级以后，教育孩子的时候，就要有意识地告诉他，人与人可以有不同的观点，彼此需要交流，增进了解才能相处融洽。但这时候也不能对孩子有比较高的期望。有一些父母，特别喜欢孩子早早"懂事"，早早理解父母，其实就是期望孩子早点学会理解别人的观点。结果这些孩子不是被压抑了儿童的天性，就是心理被催早熟。我在做心理咨询的过程中，有时候会遇到被父母教育得过于"懂事"的孩子，说实话，这样的孩子可能令他的父母感觉很欣慰，我看见了却不喜欢，而且有一点五味杂陈的难过。

理解别人的观点的能力是否能发展出来，和年龄因素有关，同时也和教育因素有关。我也常见被溺爱长大的孩子，在家凡事都依着他，没有规则，父母对他没有要求也没有教导，这样的孩子即使到了青春期，也可能学不会理解别人的观点，这会导致他和同学相处困难，个别孩子还可能沦为在校园被欺凌的对象。有一次我去外地出差，在酒店大堂退房，一个妈妈带着个九岁左右的孩子也在大堂，这个孩子在我没注意的时候，把我放在桌子上的矿泉水拿起来玩，我发现了就回头看他，同时发现他的妈妈看到了整件事，但是她没有任何表示。既没有要求孩子把我的水放下，也没有对我表示任何歉意。这件事我记忆深刻，事过多年，我还在为这个孩子的未来担忧。所以家庭教育其实是很关键的，父母必须承担起家庭教师的责任。

做负责任的决策

判别一个人心智成熟与否的一个标准是看他能不能做出负责任的决策。有的孩子情绪激动了，做事就不管不顾，另外有些孩子则能克制自己，任何时候都不做出格的事情，这与孩子的社会情绪发展水平有关。有五种核心的社会情绪，分别是自我意识、自我管理、社会意识、社交技巧和负责任的决策。在此分别做一个说明。

自我意识，指准确评估自己的情绪、兴趣、价值观以及优势，保持良好自信的能力。有清楚的自我意识不是一件太容易的事情，最简单的测试是让孩子做自我介绍，很多时候孩子不知道怎么描述自己。孩子没有清晰的自我意识之前，不清楚自己要什么，不知道追求什么，学习没动力，生活没方向。我在做心理咨询的时候，经常问孩子一个问题，你将来想成为一个什么样的人，绝大多数回答是不知道，追问原因，是从未想过。这就是自我意识不清的典型表现。父母可以帮助孩子发展自我意识，方法是经常向孩子提出问题，经常和孩子讨论事情和评论事情，以此帮助孩子把凌乱的感受梳理成理性的认知。当然也可以鼓励孩子看书或者反省，自己探索自己的心理世界。

自我管理，是应对压力、控制冲动，坚持克服困难，建立个人目标并监控目标实现，合理表达情绪的能力。很多家长没有意识到家庭教育的目标，就是要帮助孩子提高这些能力。比如我遇到一个孩子，每到考试前就压力很大，失眠、哭泣，有时孩子甚至会在家摔东西，撕书本。每次发生这样的事，她的父母就劝慰她，考试成绩不那么重要，她的健康才是最重要的，父母只要她健康就好，考多少分数都无所谓。父母的做法类似于安慰剂或止痛剂，在事情来临的时候，起一个保护和缓冲的作用。这也是非常必要的。但是如果更深入的做法是在孩子情绪平复的时候，和她讨论应对压力和控制冲动的方法，只要孩子抗压能力提高了，考试就不是问题了。在父母眼里孩子有很多能力有待提高，发现什么就马上纠正什么，结果十几年过去了，毛病还在孩子身上，父母还落得个爱唠叨的下场。同时应对很多事情，任务多了，应接不暇，孩子感受的只有无休止的批评，反而无法面对问题本身。比较好的方法是一次只关注一件事，一段时间只培养孩子一种能力。比如父母觉得现在最需要优先解决的是提高孩子应对压力的能力，那就专注于一段时间，专门解决这个问题，对孩子其他方面的不足，暂时容忍。这样孩子有心力应付眼前的单一任务，才能取得进步。

社会意识，是从他人立场看问题，保持同情心，求同存异，会使用各种资源的能力。社会意识大多数时候是在与人交往的时候发展出来的。身为独生子女的一代人相比于非独生子女的人社会意识总体差一些，核心原因就是这些孩子，在成长的过程中缺少和同龄人之间的互动。所以即便不考虑学业因素，也应该鼓励孩子和伙伴们一起活动。

社交技巧，是在合作的基础上建立良好关系，抵制不良社会压力，管理冲突，必要时求助的能力。首先有社会意识，然后才会发展社交技巧。不得不说，因为过早引入的考试竞争，破坏了孩子的合作意识。曾经有学生告诉我，班级里越是学习好的学生，互相之间的防范越严重，谁有什么好的辅导书，谁在哪里找到好的辅导老师，互相都是保密的。而学生在学习之外同样没有需要齐心协力合作的事情可做，这就导致孩子合作意识、合作能力都发展不足。因此，父母经常性的教导就显得格外重要，鼓励孩子发展一个合作互助的小团体，培养合作能力。孩子到了初中以后，经常会感受到来自同伴的压力，难免会屈从从众。比如有些学生在学校会吸烟，觉得这样很酷，还有的学生会在学校组织类似帮会一样的团体，欺负弱小同学，他们会胁迫一些孩子参加。为了防患于未然，在孩子较小的时候，父母就有必要告诉孩子如何抵制这种压力，怎么面对冲突，什么时候要求助于老师或者父母。必要的时候，父母还可能要亲自出面，保护孩子。其实培养孩子社交技巧并不难，关键是父母需要有这个意识，把培养孩子的社会交往能力和提高学习成绩同样作为重要的教育目标。

负责任的决策，是做决策的时候参考伦理标准，安全性，社会规范，对他人的尊重，并预测后果的能力。冲动是魔鬼，指导孩子遇事不冲动不走极端，做负责任的决策，也是父母长期的教育任务。首先要教育孩子内心有是非标准，有善恶观念。我发现现今很多孩子是非观念淡薄，善恶标准模糊，完全被现实主义、功利主义主导。因为没有明晰的标准，所以他们的喜怒全凭一时心情，导致行为很难预测甚至包含危险因素。而且很多孩子做事没有预测后果的意识和能力，以玩电子游戏为例，沉迷于此的孩子本就是对打游戏的后果缺乏预测，才无所顾忌地投入其中。培养孩子负责任的决策能力是从小开始的，越早越好。否则等孩子长大了，比如到了小学高年级或者初中以后再教育他，就比较困难了。

　　必须补充一点，有些家庭教育失败，是因为父母自身在情绪管理方面就存在缺陷，本文所讲的管理情绪的方法，也适用于成年人。做父母的人也应该有见贤思齐的精神，不断学习和进步，做孩子的示范和榜样。

辅导作业

马 虎

马虎是学生的敌人，也是家长的心病。可是为什么花了很多时间和精力还不能纠正孩子马虎的习惯呢，很多父母感觉费解。其实，这是因为大多数父母都没有意识到马虎既可能是态度问题，也可能是能力问题。要想纠正孩子马虎的毛病，首先必须对孩子马虎的原因做个分析。

第一，注意力不专注，行为不自觉。注意力不专注是马虎的重要原因，一些孩子没有养成专注做事的习惯，一边做题，一边玩，一边吃东西，一边心里想着其他事情，粗心大意自然就容易书写错误。第二，思维不严密，书写不规范。有些孩子在抄写或计算题目的时候，眼睛和思维跳跃，书写跳跃，简省步骤，没想清楚没看清楚就想当然写下去。当问起孩子为什么会这样的时候，他就自己说马虎了。以上就属于孩子的态度问题。第三，手眼不协调。有的时候嘴里说的是三，笔上写的却是四，自己还不能发现，尤其是在考试或者情绪紧张的时候更易如此。孩子明明很认真，很想做好，所以这就不是态度问题了，这属于能力问题。

对注意力不专注，行为不自觉的孩子来说，父母必要的管束会有效果。学的时候专心致志学习，不允许做小动作，不允许玩，把易引起孩子分心的东西收走。学习一段时间主动休息，在作业没写完之前，休息的时候不做容易兴奋的事，只以喝水、上厕所和室内活动为主，以此避免在继续写作业的时候，孩子还很兴奋，导致无法静心。有的父母喜欢在孩子写作业的时候，在旁边放点水果、牛奶，让孩子边写边享用，这都是导致孩子分心的做法。这些事应该放在写作业之前，或者写完作业之后做。

对于思维不严密，书写不规范，造成马虎习惯的学生，方法是让学习的思维外显。平常练习的时候，说出来思考的过程，发现思维的盲区和错误。思维外显要注意想什么说什么，想什么写什么，不要缺省、跳跃，严格按照步骤进行。在看题目或阅读的时候，多一点时间，确定自己看清楚了，想明白了再动手书写。语言是思维的体现，想什么，说什么，写什么，不要简略。父母可以尝试通过这样的方法，发现孩子疏忽的地方，训练孩子思维的严密性。

手眼不协调的孩子，可以通过检查与验算发现马虎的地方。检查的方法包括把结果带回题目验算，也可以从后面往前逆顺序算，看能不能算回最初的已知数值。写完题目，思考一下结果是不是符合逻辑，或者符合常识等，这些都可以减少马虎发生的概率。

因为人脑的局限性，马虎不能绝对避免，但是可以通过针对性的训练，把马虎控制在可接受的程度。

拖　拉

孩子写作业拖拉，令父母头疼。很多时候父母的怒火都是被孩子的拖拉行为激发的，但是就像解决孩子的其他行为问题一样，在没有弄清楚孩子拖拉的原因之前，采取的一些教育手段可能都是无用的。关于拖拉，依然可以从态度和能力两个方面来理解。

因为态度导致的拖拉。比如说孩子觉得作业量太多，写作业占用了玩的时间，写作业没有意义。尽管内心不愿意，可是又慑于父母或老师的压力，不得不为，所以就提不起精神，磨蹭拖拉。现在有一些老师喜欢用题海战术，把孩子放学后的时间全部占满，另外还要占用一段睡觉的时间，这是孩子厌烦作业的主要原因。一个学生和我说，正常人没有喜欢写作业的。我问他如果一天晚上的作业，所有科目加起来，只要一个小时就都能写完，你愿意吗？他说那当然愿意写啊。随后他又补充一句，那是不可能的。其实原因就是作业太多了，永远都写不完。在这一点上我是站在孩子一边的，必须为孩子减负。

孩子在学校一天时间，身体和精神都是很疲惫的，放学回家需要玩一下松弛神经。他没有整块的时间玩，就利用写作业的时候，偷偷玩一下。磨磨蹭蹭和父母捉迷藏。必须相信磨刀不误砍柴工的道理，把该玩的时间还给孩子，鼓励孩子高效率学习，而不是低效率拖延。

有些父母也承认，老师留的一些作业没什么意义，但是父母又不敢反对老师，只好压迫孩子去写。比如有个数学老师，周末给学生留的作业是做一张试卷，只做一张试卷学生也并无怨言，奇怪的事，老师要求学生把题目全部都要抄写一遍，这学生就不乐意了，抄写题目有什么意义呢，他写起来就没有劲头。还有一个语文老师，一次生气了，罚全班学生把一册书的生字，每个写五百遍，五百遍啊，要求半个月内写完。这种作业学生当然觉得没意义。父母要做孩子的友军，在孩子遇到困难的时候，给孩子应有的支持。对于那些不合理的作业，需要父母出面和老师交涉，把孩子从无意义的书写中解放出来。一件事如果不值得做就不值得做好，如果孩子在态度上认为不需要写那些作业，拖拉就在所难免。

需要补充的是，还是有些学校给孩子减负，作业并不多。这时候父母看在眼里，急在心头，在学校作业之外又额外布置作业。过不了多久，孩子就发现，作业写得快没好处，写快了父母还会加量，总之不写够一定的时间，父母是不会罢休的，于是他们就想到了对策：把学校的作业慢慢写，于是就磨蹭起来了。父母的做法看似聪明，希望孩子在家多写点作业，进步快。但从孩子的角度理解就变成了，写作业快会被"罚更多作业"，做得好不被奖励，还被惩罚，那自然要逃脱惩罚。所以，随意给孩子加作业这件事，值得商榷。

孩子拖拉，不能只考虑态度问题，有时候是能力问题。比如说题目难度大，不会提问和求助，有某种形式的强迫症等。难度是相对的，所谓难者不会，会者不难，对于一些孩子很容易可以掌握的知识，对另一些孩子就是难题，父母不能简单地以别人家孩子的标准来要求自家孩子。承认孩子之间的差别是真实存在的，从孩子的年龄、思维特点等方面具体考虑。如果确实是孩子理解能力、记忆能力发展得比其他孩子慢一些，就得接受他在一个阶段成绩不理想的状况，给他时间成长，静待花开，是对孩子最好的支持。

另外有些孩子不会或者不习惯求助，遇到不会的题目就被卡住了，看起来就像拖拉一样。尤其是小学低年级的孩子，还比较普遍。父母可以指导孩子，遇到不会的题目，如何提问和求助，当孩子不能用语言准确说出问题时，父母给予提示和启发，教孩子表达，逐渐就克服拖拉的毛病了。

有些孩子不能容忍作业本上有涂改，或者每个字都要写完美才行，不然就要重写，这样就会导致写作业速度变慢。这种完美主义倾向，属于强迫症的范畴。通常父母会要求孩子先把会的题目做完，不会的再集中请教父母。但是有些孩子做不到这一点，他无法忍耐空一个题目去写后面的内容，这是某种程度上的强迫性行为。所以如果父母不在身边，他又遇到不会的题目，他就会一直等待下去。以上两种情况孩子表现的是拖拉实质是强迫症，必须解决心理问题，才能对孩子有所帮助。

除了上面我讲的从态度和能力两个维度，理解孩子写作业拖拉的原因，还可以从更细的几个维度去思考这个问题。比如，有没有生理问题？多动症，微量元素缺乏或者疲劳；是不是能力问题？思维局限，没有学会方法又不会提问；是心理问题么？焦虑，注意力无法集中抑或强迫症；是教养方式问题么？习惯养坏了，被加作业还是父母不自觉打扰了孩子；是需求没得到满足么？环境噪声，家庭不和睦还是睡眠不足，等等。父母学会提问，就能找到问题的症结所在，而通常答案就隐含在问题里面。

自　学

很多时候父母忽视了一个道理，辅导作业教是为了不教，授人以鱼不如授人以渔。有一个家长和我讲，孩子上三年级之后，作业就辅导不了了，初中、高中就更不用说了。其实不是家长辅导不了，是家长弄错了方向。绝大部分家长把辅导作业当成了自己给孩子找到答案，这无形中就把任务从孩子身上转移到父母身上了，这是不对的。父母辅导作业，正确的方式是教孩子学习方法，最终教会他自学。

我曾经研究学习方法很多年，我的总结，学习方法包括操作的方法、思维的方法和科目学习法。操作的方法比如预习、复习、做笔记、错题本，这属于用手的方法，思维的方法包括，分析、归纳、总结、逻辑、注意、记忆、推理等，这些属于用脑的方法。操作和思维的方法都是通用的，适用于所有的科目。科目学习法是每个科目怎么学习的问题，我以数学为例，数学怎么学，如果有父母说多做题，那么你是不知道数学的学习方法。简单地讲，学好数学，需要熟知计算规则，理解数学概念的内涵和外延，掌握数学的推理规律，见识过特殊题型的特殊解题办法。孩子掌握了以上关于数学的学习方法，考试就不会差。现在市面上教学习方法的书汗牛充栋，父母花一点时间陪孩子选择适合的教辅作为参考很容易。孩子掌握了学习方法，就不需要上辅导班，既可节约父母的金钱，又能节约孩子的时间，最终还提高了学习能力，一举三得。

我以怎么预习和复习为例，来简单说明一下怎么教孩子自学。预习是在学习新课程之前，进行自学准备，以达到更好的听课效果的一种做法。预习分五个步骤：第一步，查阅，了解即将学习的知识，了解梗概，为听课做准备。第二步，记忆，尝试记忆需要学习的新内容、单词、概念、公式等。第三步，理解，尝试理解即将学习的内容。第四步，复习关联的旧知识，新知识如果需要旧知识做基础，查阅复习旧知识。第五步，标记问题，对自己不理解的内容，或者有疑问的内容，做标记，以备听课时有意识学习。孩子如果熟练掌握以上的预习方法，每天坚持花一点时间做预习，很快就会看到学习效果。

复习是把学过的东西再加以学习，使之巩固。我的总结，复习分为三种方法，第一种，基于问题的复习，通过列专题、做图表等方法做归纳的复习方式。把一类问题，归纳总结出来，用本子整理好，时常研究一下。第二种，基于时间的复习，人的大脑有自然遗忘的倾向，因此要重复接触，才能长时记忆。定期复习学过的内容，使之不遗忘。第三种，基于联想的复习，通过写作业，做题目，联想和回忆相关联的知识，如发觉不清楚或已经遗忘，及时查阅。以上三种复习方法，结合应用，效果非常好。这三种复习方法是我多年应用和总结的，用这几个方法复习知识，可以做到融会贯通，多年不忘。

预习和复习都不是多神奇的独家秘籍，所谓知易行难，最难的是坚持每天去做。下面我讲一下自学需要的四个步骤：第一步，分析任务。孩子需要对自己的学习任务做一个分析，这必须尊重事实，需要学哪些知识，自己已经掌握了多少，还有多少不掌握，对各科要做的事都有整体的认识。第二步，设置目标。设置目标的时候，要同时设置短期目标和长期目标，阶段性目标和终极目标。设置目标不能想当然、理想化，目标要建立在对任务的分析的基础上，需适合孩子的真实水平。第三步，制订计划。计划用多少时间做多少事情，每个科目怎么学，用什么学习方法，谁来监督，谁负责评价。第四步，行动。关键是行动，不然再完美的计划都只是竹篮打水。

识别孩子的问题

找出问题的原因

不知道从什么时候开始，"孩子的问题都是父母的问题"这个观点广泛流行起来，这句话俨然成了一些所谓的专家教训父母的口头禅。遗憾的是，这是完全错误的。孩子厌学、叛逆、网络成瘾，固然有父母教育失误的责任，但是孩子作为一个有独立人格的个体，他有能动性也需要承担自己的责任。所以当看到孩子身上有不好的行为表现，就需要找出问题的原因，然后对症下药。

找孩子的行为或心理问题的原因，可以遵循以下的步骤，每一个步骤都需要父母提出一个问题，并且根据实际情况得出答案。

问题一，孩子的问题是所处的年龄特有的普遍行为吗？回答，是！那就得改变父母的态度，降低过高的期望。回答否，则继续提问。举例来说，一岁的孩子尿床，五岁的孩子注意力只能集中十几分钟，小学三年级的孩子贪玩儿，初二的孩子不和父母一起出去吃饭，这些就是所处年龄的典型行为。

问题二，是父母的期望值高了吗？回答，是！那除了降低期望值没有其他办法。比如，很多父母会要求孩子保持第几名，或者每次进步几分。每次考试进步几分，听起来很简单，但是要考虑到考试的难度、范围、时间等各方面变量，就能明白没有人可以控制自己的考试分数。还有的父母希望孩子的缺点，立刻就可以改正，没有给孩子一定时间，这也是不切实际的。

问题三，是孩子缺乏技能么？运动、演讲、人际交往、情绪控制，做好这些事都需要特殊技能，孩子如果没有足够的学习时间，父母就不能有太高的要求。如果这还不是问题的原因，继续提问。

问题四，是孩子不清楚什么行为是合适的吗？如果是，那父母就要花时间清晰明确地，告知孩子标准是什么。有一个学生，小学一年级，每天上课的时候，在教室坐不住，一下就跑到操场上去玩了。老师管教效果不好，最后非常无奈把孩子妈妈叫到学校陪读，坐在孩子旁边，可是妈妈依然无法禁止孩子跑出去。去医院检查，医生说孩子没有问题。在电话里大概清楚了这些情况，我邀请他们一家人来我办公室。孩子来了后我发现一个问题，他非常活泼自由，到新环境毫不拘束，见到什么有兴趣的东西，直接用手去拿去摸，而他的父母都没有制止。经过观察，我也排除了这个孩子身体或者心理问题，我发现他就是缺少规则意识，原因是没有人明确告诉他。果不其然，我和他说，上课的时候不允许乱动，要认真听讲。他问我为什么呀？我说这是小学生的规矩，家里有家庭规矩，幼儿园有幼儿园的规矩，小学有小学的规矩，必须遵守。只经过一次咨询，找到了症结所在，这个孩子再也没有发生上课跑到操场的事情了。

问题五，是孩子有未被满足的情感需求吗？回答这个问题时，父母必须慎重，要观察、有同理心，还得倾听孩子的诉说。儿童和成年人的情感需求是不一样的，切忌以成人的标准要求孩子，这样对孩子不公平。有一个初一的学生，上课睡觉，作业不会写，成绩学校倒数。父母一直以为是品行问题，但是教育无果。我见到孩子，感觉这不像是一个品行有问题的孩子，但是我能明显感觉到他的自卑感。在回避了其他人后，我单独和他谈话，我问他，你有什么不为人知的秘密么？他闪烁其词了一会儿告诉我，他尿床。我问他去医院看过没，他说看过，医生说没问题，在吃治疗肾虚的药。我问他药有用么？他说没用。我再问他晚上睡得怎么样，他说睡不着。为什么睡不着？怕鬼。到此基本症结找到了。他因为恐惧症，晚上不敢睡觉，不敢去卫生间。越失眠越尿多，但是他不敢起床就憋着，结果迷迷糊糊就尿床了。后来我治好了他的恐惧症，失眠、尿床的症状都没了，过一个学期成绩就变中等了。

问题六，孩子有生理问题吗？多动症，女孩来月经，痛经等，如果有些孩子的行为问题是生理因素造成的，及时发现、就医，及早治疗，都非常重要。

指导孩子解决问题

前文我曾讲过，做孩子的盟军，做盟军就要帮助孩子解决问题。有些家长和我说，孩子不听话，父母怎么说都没有用。我能理解一些父母确实失去了对孩子的影响力，但是父母毕竟是成年人，能力和见识不是孩子所能比拟的，只要方法得当，父母一定能重新赢得孩子的尊重。

首先，建立信任。孩子小的时候，对父母有天然的信任感，但是随着年龄增长，有一些孩子就不再相信父母了。有的孩子觉得父母脾气暴躁，有的孩子觉得父母固执，有的孩子觉得父母能力不足。在这种情况下，父母必须让孩子看到自己的进步和改变，并且这种进步和改变是不可逆的，让孩子意识到现在的父母是有能力控制自己的情绪，他是安全的，有能力指导他，他能得到可行的帮助。信任是一切的基础，没有信任就没有教育。

其次，明确期望。父母对孩子有什么期望，孩子对父母有什么期望，互相言明。父母的要求孩子能否做到，孩子的要求父母能否做到。期望明确了，才能激发行动动机。

最后，指导行动。所有的一切都要落实到行动上，什么时间，什么地点，谁来做，怎么做，需要有人监督么，谁来监督。父母教育孩子和管理企业有共通之处，可以把解决孩子的一个问题，想象为家庭的一个项目，这样就容易理解了。

我的一个学生，小学六年级，写作业拖拉，但是不愿意父母干预。父母看在眼里，自然不能放任不管，于是产生了很多冲突。我问孩子为什么不愿意让父母辅导，孩子说父母总是监视他，对他不信任，而且还总是发火。然后我问父母为什么非要参与，让孩子自己做不行么？父母说孩子不自觉，如果不监督，很晚都写不完，影响睡眠，第二天早晨起床很费劲。我问孩子，给你一周时间，你父母不监督你，你能不能保质保量又按时完成作业？孩子说可能吧。我问他，如果做不到，你是否接受监督，孩子说接受。我问父母，愿意给孩子一周时间让他试一试么，条件是这一周无论发生什么事，都绝不参与孩子的作业。父母同意，于是就这样达成协议。一周过去了，父母表现得比较好，尽管内心憋着一团火，但是忍住什么也没做。但是孩子没有兑现承诺。第二周过来，我问孩子觉得父母这周做得怎么样，他说挺好，我问他自己做得怎么样，他说不太好。一周来，孩子看到了父母的努力，对父母的信任已经开始恢复，这是非常关键的。接下来我问父母对孩子有什么期望，父母说就是期望孩子把自己的事做好，作业写好，不被老师批评，其他的没要求了。我问孩子，父母的期望高不高，孩子说不高。然后我问他对父母有什么期望，孩子说，希望父母说话不要总发火。我问父母能做到不，父母说能。双方的期望很清楚了，但是问题还没完全解决。我和孩子讲，父母作为监护人，不可能不监督孩子学习，因为假设父母真的不管，放任孩子，将来一家人都要承担教育失败的后果，这是父母失职。况且，父母所谓的管，既有约束的意思，同时还有支持的意思。后来我和他们一家就制订了行动计划，将来孩子在作业多的时候，难的时候，怎么和父母交流。父母怎样给孩子信任，多支持少监督，很快这个因为写作业引起的家庭冲突就解决了。

面对困难与挫败

人生充满磨难

人生苦难重重，这是一个伟大的真理。谁忘记了这个真理，就会在苦难来临的时候，倍感痛苦。很多做父母的人在自己小时候写作文的时候，都写过"梅花香自苦寒来，宝剑锋从磨砺出"这样的句子。但是在教育孩子的时候却没有把这个道理告诉他。我所见到的孩子，非常大的比例都是在被过度保护的环境中长大的，他们不参与家务，不锻炼身体，有什么愿望总是能满足。一个高中校长告诉我，他们学校不敢搞军训，因为学生体质太差了，站几十分钟军姿，就有十分之一的人倒下，家长请假、维权，让学校很害怕，所以干脆军训都取消了。

现在流行一种说法，说今天的孩子缺乏挫折教育。其实孩子不是缺少挫折教育，他是缺少挫折本身。在过度保护的事实面前，什么样生动的语言都显得苍白无力。有的父母说，把孩子带回农村，让他知道农村孩子的苦，其实这种过家家式的体验，同样没什么用，因为孩子很清楚这只不过是一个体验秀而已。

让孩子理解人生充满磨难，必须要他们在自己的生活体验中自己得出结论。父母不要过度满足，不要过度援助。在孩子小的时候坚持原则，需要拒绝他的必须拒绝，即使经济条件允许，也不能满足孩子的不合理要求。孩子可以做的事情，让他自己做，即便是做得不好，父母也要耐心等待他慢慢锻炼成长。只有在真实的生活中接受过挑战的人，才能理解生活的艰辛，才会在未来面对艰辛处境的时候，泰然处之。

避免心理危机

我见过很多孩子手臂上有裁纸刀留下的划痕，也听说过有个别孩子自杀。这都是很令人痛心的悲剧。当孩子遇到困难的境遇，依靠自己的资源无法解决的时候，如问题持续一段时间，就可能导致心理危机。处于心理危机状态的孩子，情感、认知和行为都处于失调状态。心理危机非常普遍，每个孩子都可能遇到心理危机，有些人可以战胜危机，另一些人则不能。比如一次失败的考试，一场失败的恋爱，手机被老师没收，和父母吵了一架，被老师当众批评，违反纪律老师要求找家长，这些事都可能是导致孩子产生心理危机的导火索。行文至此，我们不仅要问，尽管这些事每个学生都经历过，为什么有些学生发展成心理危机了，另一些学生却没有呢？这就需要了解影响心理危机的因素。

影响心理危机的因素一，社会环境。社会环境，就是孩子所处的社会政治环境、经济环境、法制环境、科技环境、文化环境等宏观因素的综合。狭义仅指孩子生活的直接环境，如家庭、学校、小团体等。政治稳定，经济富足，法制公正，科技发达，文化包容，家庭和睦，学校适合，团体亲密，孩子所处的环境对他越友好，孩子越能感受到安全感和归属感，在遇到困难的时候，就更有能力和信心应对。反之，则易发生心理危机。

影响心理危机的因素二，成就感和自我实现。成就感指孩子做完一件事情或者做一件事情时，为自己所做的事情感到愉快或成功的感觉。自我实现是指孩子的各种才能和潜能在适宜的社会环境中得以充分发挥，实现个人理想和抱负的过程。孩子的成就感和自我实现的体验越多，对自己、他人、环境就越有信心，也会越能感受到善意，抵御心理危机的能力就强。今天孩子在这方面的隐患在于评价体系比价单一，考试分数所占的比重太高。因为评价单一，只有少数孩子是成功者，其他的人俨然都是"失败者"，这对孩子的心理健康发展非常不利。

影响心理危机的因素三，价值观。价值观是基于人的一定的思维感官之上而做出的认知、理解、判断或抉择，也就是人认定事物、辨定是非的一种思维或取向，从而体现出人、事、物一定的价值或作用。价值观决定人的自我认识，它直接影响和决定一个人的理想、信念、生活目标和追求方向的性质。价值观对动机有导向的作用，反映人的认知和需求状况。比如有些父母教育孩子时会认为"只要快乐就好"，这就是价值观。但是比较遗憾的是，这个价值观是很有问题的，当孩子认同了"只要快乐就好"这个观念的时候，他在未来就可能拒绝承担责任，因为承担责任会导致不快乐。所以只要快乐就好是有问题的，快乐没错，关键是要考虑获得快乐的方式，是通过奋斗、创造、学习获得快乐，还是通过剥削、消费和娱乐获得快乐。教育孩子，价值观方面的教育非常必要。

影响心理危机的因素四，社会支持。孩子所拥有的社会支持网络越强大，就能够越好地应对各种来自环境的挑战。社会支持包括情绪支持、共鸣、情爱、信赖，孩子能感受到被关心和爱，有尊严和价值，被团体接纳；手段支持，获得援助，在被欺负的时候有朋友出面保护，在经济困难的时候可以借到钱，在题目不会做的时候，能找到人讲解；情报支持，提供应对情报，能得到关于生活、学习、职业发展、人生未来方面的信息和指导；评价支持，有知心朋友，能得到公正的评价，在被误解的时候，有人帮忙澄清。几乎可以肯定地说，那些发生严重心理危机的孩子，都缺少社会支持。

影响心理危机的因素五，家庭依恋关系。对孩子来说，家就是基地和港湾。孩子和父母之间建立起互相了解、关心、信赖的关系，有良好的互动，并且孩子相信父母永远是自己的同盟，那么孩子就可以抵御在学校和社会中的各种挫折。关系良好的家庭会给孩子提供安全感，归属感，信任感和价值感。遗憾的是，家庭也会伤人。有些家庭对孩子的伤害是直接而明显的，比如生活在重男轻女的家庭中的女孩，从小就能感受到父母对自己的不满，再比如生活在不和睦的家庭中，经常目睹父母争吵的孩子。另有些家庭对孩子的伤害是在爱的大旗下隐蔽进行的，比如对孩子过于完美主义的要求，偏执地追求成绩，严苛的家庭规矩，过度惩罚或过度溺爱。还有些伤害是父母无意中造成的，比如父母过于忙碌，疏忽孩子的情感需求，为了受所谓的好教育，过早送孩子去寄宿学校。

以上五个因素的重要程度是逐级提高的，对孩子的心理健康影响最大的是家庭依恋关系，其次是社会支持，再次是价值观，然后是成就和社会环境。所以从任何一个角度讲，父母都是孩子心理健康的第一责任人。

兴趣爱好和特长

兴　趣

在中国有的地方有给孩子抓周的风俗，在孩子周岁的时候，在他面前放上笔墨纸砚、胭脂、玩具等东西，看他对什么东西感兴趣。这可以算作是最早的对孩子兴趣和职业倾向的观察。兴趣是人对研究某种事物或从事某项活动积极的心理倾向性。它作为一种意识倾向和内心要求，不是先天就有的，而是在人们需要的基础上，由于对某种事物的了解和反复接触后产生的；不是靠外界强制力量形成的，而是出于个人的强烈愿望建立和发展起来的。

比较遗憾的是，今天的孩子有明显的兴趣变窄的趋势，问一个孩子对什么最感兴趣，十有八九离不开手机、电脑、网络。个中原因除了这几样东西吸引力足够大以外，孩子接触的事物比较少，也是重要原因。历史上有人对琴棋书画感兴趣，有人对走马斗鸡感兴趣，有人对金庸、古龙、琼瑶的小说感兴趣，有人对手机上贪吃蛇游戏感兴趣，乃至今天有人对网络游戏和短视频感兴趣。孩子经常接触什么，就容易对什么感兴趣。父母爱打牌，孩子喜欢麻将，父母做买卖，孩子会算账，这都是因为接触过。所以如果父母希望孩子培养良好的兴趣，就得在孩子小的时候，让他频繁接触希望他产生兴趣的东西。如果孩子小时候接触的东西多，就容易形成广泛的兴趣，接触得少，兴趣自然狭窄。很多孩子喜欢玩手机，是因为他每天接触最多的就是手机，久而久之就只对手机感兴趣了。所以培养孩子的兴趣，关键还在父母。

爱　好

兴趣是广泛的，爱好就比较聚焦了。我常问我的学生有什么爱好，有四成的孩子回答没有。另有些人则说爱好打游戏，极少数人说爱好军事、历史、画画。爱好是兴趣的深入阶段，爱好必定是深入参与的，带有学习和钻研性质的活动。很多成年人有心理障碍，就是因为没有爱好导致的，这是我多年的观察发现。支持孩子发展一项良好的爱好，对孩子的心理健康有诸多好处。有些父母担心孩子的爱好影响学习，从短时间看，是有可能，但是从最终的结果看，爱好只会促进孩子学习。因为有爱好的孩子，可以通过爱好调节情绪，这样他在学习的时候就少一些情绪困扰。另有些爱好本身就对学习有直接促进作用，比如，爱好看小说，可以提高阅读能力；爱好军事，可以提高对历史的兴趣。我的一个学生，因为爱好打没有汉化版的英文游戏，英语考过六级了。所以，要支持孩子发展至少一个方面的爱好。

特　长

过去说只会读书的人是书呆子，只重视孩子的学习成绩一个方面是不行的。现代教育理念认为孩子应该德智体美劳全面发展，身心都健康才是完整的健康。有特长的孩子比没有特长的孩子更有信心，这种信心可以迁移到学习中去。而且一个人的特长，总会在人生的某个阶段带来意想不到的收获。

~ 第五章 ~

和睦的家庭氛围

Chapter 5

人非圣贤，孰能无过。当发现孩子犯了错，错过了一些时机，做错了一些事情，父母要批评他，甚至要惩罚他，但批评和惩罚过后，一定还要帮帮他。做孩子的盟军和友军，不要只做孩子的监军和敌军。

清晰的家庭界限

家庭界限不清

家庭界限是一个心理学的名词，家庭界限是否清晰是心理学在家庭治疗中非常关注的一种状态。人们经常讲家庭界限，指的就是家庭界限不清晰，或者家庭界限清晰。从词义上就能看到家庭界限不清晰肯定是有问题的，家庭界限清晰肯定是好的、健康的。

很多人的精神和情感的痛苦来源于家庭界限不清晰。界限不清晰简单来说有两种状态，一种叫疏离状态，一种叫缠结状态。

疏离状态容易理解，就是家庭成员之间漠不关心。比如说我经常听到一些妈妈抱怨说爸爸不管孩子。说爸爸下班回到家就把自己关到书房里，打游戏、看手机，对孩子的生活、学习、感受不闻不问，假期也不带孩子出去玩。孩子如果有什么事情找他，想跟他亲近一下，或者想跟他请教一下，爸爸就会表现出很不耐烦的样子，这种状态就是一种疏离状态，情感上的距离比较远。还有的比如像以前我们碰到的案例，一对夫妻离婚了，其中一方完全不履行抚养小孩的义务，既不探视也不给抚养费，平常也不和小孩联络，这就是更典型的情感疏离的状态。

疏离很容易识别，普通人一看就能看出来状态是不对的，跟疏离相对的是缠结。缠结状态往往就不容易被识别出来，为什么呢？因为缠结状态往往会给人很多错觉，比如说会把缠结当成亲密或者是一种爱的表示。比如说拯救，人际界限不清最典型的表现就是把别人的事当成自己的事，过分热心，过分卷入，过度干涉，过度保护，以拯救者或救世主自居，具有过强的监护人和主人翁精神，把帮助别人当成自己的责任和义务。母亲对待婴儿常常就是如此，因为婴儿没有自理能力，确实非常需要母亲的关心和保护。孩子长大以后，母亲如果还是这样对待孩子，继续无微不至地关心孩子，替他做所有的事，插手他的学习、工作、生活、交友、恋爱、婚姻。亲子之间就会发展成缠结状态，但这种模式很像是关心，所以并不容易被当事人意识到问题。

这两种状态有几个共同的特点：

第一个特点，就是不关注其他家庭成员的感受。不关注感受是很普遍的，就是往往会觉得自己做的事情是为了对方着想，但实际上对方需不需要却不去考虑。我经常遇到这样的事，孩子跟我抱怨说他在房间写作业，他妈妈过几分钟就进来探视一下，过几分钟就进来送个水，过几分钟就送点东西，找各种理由进他的房间。我问孩子的妈妈，你为什么要这样做？孩子的妈妈就说是关心孩子，但是她自己知道，这不是孩子期望的那种关心。缠结型界限不清的一个特点，就是父母不是对孩子的情感需求做出回应，而是自己想当然地认为孩子需要这样的东西、需要那样的东西。第二个特点，父母不尊重孩子的隐私和空间。有的家长喜欢偷看孩子的日记，偷盗孩子的账号密码来偷偷看他的聊天记录。孩子想把自己房间的门关上或者锁上，或者要求父母不敲门不能进，因为空间是他独立人格的一个部分，是自我的外延。保护自己空间，象征着捍卫独立人格。有些父母没有意识到孩子空间、隐私和独立意识的这种关联，认为孩子关起门来肯定是有不可告人的秘密，总会以各种理由来打破孩子划的空间界限，一定要侵入进去，才会感觉到放松和满意。

父母不认为孩子需要尊重，没有意识到孩子的自尊、自我价值受损的事实。在一些有很强的控制欲的父母身上表现明显，所谓控制，就是把别人当成自己身体的一部分或工具，像使用自己的手脚那样控制别人，并且希望控制起来得心应手。控制型父母把孩子当成物体，不管孩子的内心感受，甚至有意压制孩子的内心感受。一件工具，如果有独立思考的能力，使用者就无法完全驾驭它。因此，控制型父母总是千方百计否定孩子的能力，打击他的自主性，使他丧失自我，乖乖地服从控制。打骂、批评、命令、惩罚、指责、羞辱、跟踪、调查、限制自由、讨好、利诱、要挟、施苦肉计，这些都是控制孩子的手段。

我的一个学生喜欢跳街舞，可是她妈妈认为街舞是粗鲁的人跳的，跳街舞不文雅，于是坚决禁止孩子跳街舞，为此引发了很激烈的家庭冲突。我的另一个学生告诉我，从小学一直到高三，从来没有一次父母不在场的时候和同学出去玩过。所以现在同学出去玩从来都不约她。这个学生的妈妈告诉我，孩子太单纯，怕出去被带坏了，怕孩子去酒吧，怕孩子单独去男生家里，怕孩子出去喝酒，怕孩子和人开房。但是这些担心都是妈妈一个人臆想出来的，完全没有任何迹象说孩子会去男生家、去喝酒。"外面很危险，家里最安全，外面的人都想害你，只有父母想保护你"，这就是这个妈妈的内心独白。所以每当孩子提出来说要跟同学出去玩的时候，父母就会找各种理由阻止。在长期隔离情况下，孩子与外界的联络越来越少，对父母的依赖就会越来越强。这正是父母想要得到的，把孩子捆到自己的身上。

缠结状况不容易被识别，是因为很多人把缠结当成了亲密。缠结型的父母这样认为，我这样做是我关心孩子，如果我不理他、不管他，那不是很疏离了吗。缠结型父母把纠缠不清的状况理解成亲密，还真不是强词夺理，因为他们真的认为亲密关系就应该是这样的。另一种情况，把控制当成关怀。"我不让他跟同学交往，是因为我怕他出去吃亏，我怕他出去有危险，我怕他出去受伤害，我怕他影响学习"等等。父母是把自己对孩子的控制理解成对孩子的关怀，这也是一种错觉。

家庭界限清晰

界限有助于家庭成员彼此分离，又增强归属感。弹性的家庭界限使家庭成员有着自主性，而在成员需要支持的时候，又能互相关心和支持。清晰的界限有"我"的独立感，又有"我们"的归属感。僵化的界限使家庭成员人际距离很大，关系较为疏离。在疏离的家庭中，父母和孩子的世界是明显地相互独立的，都不愿意或都不能进入彼此的世界。由于父母与孩子有时过于疏离，虽然成员的独立性保持了，但彼此的感情交流通常很缺乏。这种家庭成长的孩子可能比较独立，但代价是孤独、缺乏归属感。在缠结型的家庭里，父母很容易接近，孩子过于依附父母，难以形成独立思考和独立行动的能力。在某些时候父母和孩子很容易互换角色，孩子可以表现得像大人一样，对父母的管教不服从，而父母则表现得情绪化和没有力量。而过度相互依赖，则可导致家庭成员独立性的不足，因为他们太看重家庭的凝聚力，以至于放弃了自己的自主性。界限决定了家庭的功能，决定了家庭中的联盟和权力，从而决定了家庭的结构。家庭界限不清晰的危害很大，孩子会因此产生心理和行为的问题。比如厌学、辍学，或者抑郁、轻生。如果想避免这些问题，就需要时刻注意保持家庭界限清晰。

保持足够的亲密。父母与孩子之间有充分的了解，父母给孩子讲述家庭的历史，自己的工作，孩子愿意和父母分享感受，以及在学校的经历。彼此关心，以包容同情的心看待孩子的遭遇，给孩子他所需要的爱，父母不能只以自己认为对的方式爱孩子，尊重孩子的个性特点和成长规律，理解孩子的心理需求。同时也要求孩子关心父母，力所能及地为家庭做贡献，同样孩子也不会理想化父母，抱怨父母的平凡。孩子信赖父母，相信在任何时候自己都在父母的保护之下，父母的情绪总体是好的，即便有坏情绪也事出有因，且能预测。父母信赖孩子，相信孩子具有对是非善恶的判别能力，无论是否被监督，都能做出负责任的决策。允许孩子探索不同的生活方式，允许孩子犯错。父母与孩子之间经常一起活动，彼此之间有话题丰富的交流，任何人的观点都被重视并认真倾听，表达不同的观点是安全的。对家庭关系有安全感，孩子不担心父母会离开自己，即使因为工作原因分别，也相信父母对自己的爱，父母离婚而和父亲或母亲分别，也能感受到来自他们的支持和关心，包括物质方面和情感方面。父母不担心孩子会背叛自己，不担心孩子长大了会离开。彼此之间的亲密关系不需要测试，因为很明显知道那是持久的。

给孩子足够的空间。尊重孩子的空间和隐私，给孩子发展独立人格的空间和条件。即使好奇或者担忧，也保护孩子隐私，包括信息隐私和空间隐私。在孩子不愉快的情况下，不热心向孩子的朋友、同学或老师打探孩子的事情。在孩子不愿意的情况下，不要和老师过于走近，当然也不要过于敌视。尊重孩子的独立人格，不把顺从和听话作为教育的目标，也不把父母认为的理想生活方式、教育方式强加到孩子身上。

真诚反省和改正。父母保持经常性的学习和反省，对于自己曾经的教育失误，从语言和行为上都让人感受到真诚的认识和改变。那种"你第一次做孩子，我第一次做父母"之类的话，说过三次就显得不够真诚了，同时有顽固不化和止步不前的嫌疑，这一点孩子一定能感受得到。做对的事情，如果觉得某个人的指导是对的，就坚定不移地去做，从字典里删除"你说得对，但是"这样的句式，尤其要删除"但是"。如果认为别人的指导不对，直接说不对就好了。

看到孩子的成长。不同年龄的孩子，对权力、关注和接纳的需求是不同的。小学时候成功的教育经验，不能简单推广到初中。总体来说，父母和孩子的权力是此消彼长的，孩子出生后，父母拥有所有的权力，随着孩子的成长，父母的权力逐渐变小，孩子的权力逐渐变大。在某一个阶段，父母和孩子的权力处于均势，这时可能会爆发家庭冲突。这种冲突会持续几年或者很多年，最后形成某种平衡。直到某一天，父母感觉自己老了，从此权力的天平倾向于孩子，冲突就减少或消失了。必须意识到教育孩子是一个动态变化的过程，任何形式的固执，都会带来家庭的不和谐。

家庭权利与弱者的操控

父母权力的来源

一个家庭有三个、四个或者更多成员，成员之间必然有权力分配的问题。健康的家庭中的权力在父母手上，因为父母是成年人，理论上心智比孩子成熟。父母和孩子之间的平等，是人格方面的平等，不是分工上的平等，更不是权力上的平等。虽然权力在父母手上，未必就能保证家庭健康，但是父母失去权力的家庭，肯定是不健康的。父母失去权力，就失去了教育子女的能力，我发现那些孩子有网瘾的家庭，典型的共性特征就是父母失去了家庭权力。权力如此重要，明白如何获得权力就更重要。

权力来源于道德。传统的中国社会，父母与子女之间的道德标准是上慈下孝，当然尽管话是这样说，实际生活中更主要被强调的子女的孝顺义务，实际上是孩子对父母的服从。可以说孝顺依然是中国传统文化中的主流。和孝顺伴生的一种道德观是感恩，时至今日，感恩文化也是道德的主流。但是这种道德约束有几个致命缺陷，其一，无论是孝顺还是感恩，处于弱势地位的人都很不舒服，因为孝顺要求孩子服从，要求孩子把自己的意见看得微不足道，这和人的基本权利、关注和接纳的需要相抵触。而感恩的问题在于如果孩子总是心存感恩，那么他就得报答，无以为报就会产生亏欠内疚之心，而这会损害人的自尊，也非常令人反感。孩子要讲理，父母说你要孝顺，孩子要讲理，父母说你不懂感恩，总之孝顺也好，感恩也好，在孩子眼中都是父母的一种控制手段。道德可以约束讲道德的人，道德必须被认同，对行动才有约束力。目前看来，孝顺和感恩这种道德观，并不能对孩子产生持久的约束力。

但是如果父母在孩子小的时候要求孩子诚实守信、尊敬师长、爱护公物、文明礼貌、讲究卫生、遵守公共生活秩序，孩子是能够遵守也应该遵守的。因为这样做，并不会让自己感觉卑微或者内疚，相反还会有一种高尚的感觉，产生道德优越感。如果父母要求孩子遵守这样的道德，是可以获得权力的。

权力来源于评价。评价本身是一种权力，但是这种权力容易受到挑战，那就是孩子顶嘴。通常三种孩子比较习惯顶嘴。第一种，从小没有规则，在溺爱纵容的环境中长大的孩子。父母没有原则，以为孩子小，说些侵犯长辈的话是不懂事，大了自然好了，殊不知年龄小的孩子，正是是非观养成的黄金时期，错过教育的黄金期，再扭转就很难了。这种孩子在隔代抚养的家庭中也比较常见，隔代亲的结果就是忽视规则教育。第二种，父母过于刻板严厉，在严苛的教育中长大的孩子。父母希望在家树立权威，经常使用威胁、吼叫、打骂等方式约束孩子，直到有一天孩子也学会了用同样的方式对待父母。所谓"怒而无威者犯"，在孩子面前没有足够的威信，就不能用严厉的手段，因其结果必然是孩子以同样严厉的手段回击。第三种，生活在父母不讲理的家庭中的孩子。父母讲话做事没逻辑，以自我为中心，上行下效，性格遗传，孩子也变得和父母一样。

父母有足够的理性，对待孩子秉持温和坚定，公正讲理的态度。有

和睦的家庭氛围

助于维护父母的权威，自然就能获得评价的权力。讲理的方法是先在一个行为规范上达成共识，然后用这个共识判断行为对错，然后再谈后果。比如，孩子生气把手机摔了，首先要在"人生气的时候有没有义务控制行为"这个方面达成共识，这个很容易达成，因为答案显而易见，人必须对自己的行为有所控制。然后再讨论摔手机是不是行为失控，自然是失控。那么现在怎么办？将来怎么办？这是讲理的一个基本程序。唯一要注意的是区分讲理和讲后果的区别，这个前文有讲，不再赘述。父母讲理，就能拿到评价权。

权力来源于惩罚。没有惩罚就没有规范。惩罚有两种，一种是指向道德和内心的，比如说恐吓、指责、批评，当然也有更不好的方式，比如辱骂、挖苦、讽刺，意图让孩子产生恐惧感、羞愧感、内疚感。另一种是指向外在的身体的，比如罚做某事、罚站、打手、打屁股，意图让孩子产生某种可感知的痛苦。没有惩罚，就难以获得权力。实际上惩罚是最常使用的纠正孩子不良行为的办法。

惩罚的效果来源于规则的稳定性以及惩罚的程度和犯错的大小的匹配性。规则稳定很重要，所谓有法可依，有法必依，执法必严，违法必究，这在家庭教育中也是适用的。孩子做对事，做错事，他对后果都很清楚，慢慢规则就内化了。惩罚与犯错大小匹配很重要，不能小错大罚，大错小罚，这样孩子就会认为父母不公正，随心所欲，对规则就不认同。惩罚是手段，惩罚的目的是让孩子明白做错事是要承担后果的，以此来规范孩子的行为，最终用自己的信念和理解，自觉做出负责任的选择。

权力来源于控制。权力来源于对有价值资源的控制，比如玩具、衣服鞋子、零食、手机、电脑，这些都是孩子希望获得的资源。父母失去这些控制权，就可能失去对孩子的影响力。最常见的失去控制权的原因是溺爱。溺爱的根本表现在于对子女的要求，无论是否合理，一律予以满足。孩子在家要风得风，要雨得雨。孩子很开心，家长很自豪。但这种满足是无原则的无差别的，满足的唯一条件就是孩子想要，孩子想要父母就给。这种高兴能持续很多年，直到孩子上学。

上学后的孩子有学习任务，但是他不喜欢学习喜欢打游戏。有的父母发现了一个方法，把玩游戏作为学习后的奖励。孩子写完作业就可以玩多长时间。或者如果孩子想要满足什么愿望，父母就会乘机提条件，考试到多少名，然后可以如何。这些方法最初比较有效，但是随着孩子长大，效力会逐渐减低。我遇到一个学生，她和父母说想要一辆山地车，父母说那好，你下学期数学考试及格就买，这个孩子说好吧，我不要了。过几天她又想买一件衣服，他父母又说你下学期数学考试及格就买，孩子又说，那好吧我不要了。最后父母和她提任何要求，她都消极应对，父母让她写作业，她就写，但是不负责写对，父母让她听课，她就听，但是不保证听懂。控制的力量来自原则，而非交易。所以控制权尽管有用，但是不能经常拿来和孩子做交易。是否满足孩子的某一项要求，应该以合适的原则为标准，该满足的，无条件满足，不该满足的，什么条件也不行。

权力来源于威望。父母最稳定的权力来自权威，即人格、思想、知识和爱。人格健全稳定、思想开明、知识丰富，对孩子充满关爱的父母，会获得孩子衷心的接纳和敬佩。有些家长不喜欢学习，在孩子很小的时候，就主动往后退，觉得孩子超过自己了。这从情感上是可以理解的，孩子超越自己是最令父母欣慰的事情了。但是从父母权力的角度理解，这绝对是错误的。试想一个十三四岁的孩子就成了家里最有知识的人，那遇到事情他向谁请教，在家遇到分歧应该听从谁的呢？况且孩子失去领路人，只会陷入迷茫或自大，并不会增进安全感和自信。

所以理想的情况是父母保持威望，努力完善自己的人格，与时俱进，丰富思想，更新知识，保持对孩子无条件的爱。除了爱，最重要的是要保持学习。这里所说的学习是广义的学习，不是狭义的学习。狭义的学习专指学生的学习，是指在教师的指导下，有目的、有计划、有组织、有系统地进行的，是在较短时间内接受前人所积累的科学文化知识、技能，并以此来充实自己的过程。学生的学习内容可以分为三个方面，知识、技能和学习策略的掌握；问题解决能力和创造力的发展；道德品质和健康心理的培养。广义的学习包含对任何未知的领域的知识的探索，家庭教育、儿童心理、做饭做菜、种树养花、音乐舞蹈、体育健身、商业模式、地域风俗，哪个方面都可以，关键是保持好奇心、求知欲和行动。

弱者的操控

如果问父母和孩子谁是强者，谁是弱者，当然父母是强者，孩子是弱者。正常情况下权力应该在强者手中，强者行使支配，弱势是被支配的对象。但是在某些少数情况下，会发生父母失权的事情，孩子变成了家庭的主导，这时候就发生了弱者操控。

有一个国外的心理学家说："在我们的文化中，如果要问谁最强大，那答案也许应该是婴儿。婴儿其实总是处于支配而非被支配的地位。"婴儿就是通过其弱势特点来支配大人。并且，婴儿因为弱势所以不受任何人的支配。婴儿支配成人是不自觉的行为，但是有些孩子支配父母则是自觉的。

比如有个孩子说我要玩手机，父母说不行，你得写作业，孩子说好吧我不上学了。结果怎么样呢？结果是孩子手机到手了。再比如孩子说我要给游戏充值，打完这个游戏我就不玩了，父母说不行，你玩游戏时间太长了，孩子说好吧我不上学了。结果游戏充值成功，而且一个游戏接一个游戏玩。再比如孩子说我要买最新款的手机，这个手机太老了，父母说这个手机够用了，不能买新的，孩子说好吧我不上学了。结果孩子用最新式手机，父母依然用老式手机。这种场景是不是有些熟悉，事实上很常见。我见过一个孩子，非常任性，他和父母要钱，父母不给，他就说我不想活了，我要跳楼，然后就往窗户上冲。哪个父母敢冒孩子自杀的风险，管束孩子呢，作为权宜之计，只有满足孩子。没过几天孩子又提新要求，又威胁跳楼，目标又达到了。最后还不到六年级，这个孩子就待在家里整天打游戏，不去学校了，父亲无奈辞职在家照看他。一家人的生活都混乱了。

发生弱者操控的家庭，父母的核心思想是怕，各种害怕，怕孩子哭，怕孩子闹，怕孩子饿，怕孩子病，怕孩子不写作业，怕孩子不上学，怕孩子离家出走，怕孩子做小偷，怕孩子去抢劫，这些话都是我的学生家长和我说的，都是我曾亲耳听到的。怕什么往往就来什么，因为孩子早已熟知父母的软肋，不满足就要挟。

有两个心理学法则可以解释上述现象。人际剥削法则，在任何关系中，操心较少的人对操心较多的人拥有剥削权力。最小兴趣法则，在任何关系中，对继续或维持目前关系兴趣较少的人拥有更大权力。原因似乎找到了，父母对孩子学业的操心程度远高于孩子，所以孩子就拥有较大的权力。父母害怕孩子走极端，害怕失去孩子，但是孩子什么都不怕，这样他又占了上风。

孩子没有限制地打游戏，玩手机，对父母恶语相向的家庭，都是被弱者操控了的家庭。父母的退缩，可以换来暂时的安宁，但是这种安宁只是大战前的平静，并不能持续多久。而且从更长远的未来看，被弱者操控的家庭，其家庭功能失调，未来极不乐观。

如何打破弱者的操控，是一个难题。首要的原因是父母因为各种顾忌，不敢对孩子施加管教，其次孩子的价值观已经扭曲，最后学业上的失败也是孩子难以回头的原因。那么，如何打破弱者的操控？

第一，保证安全。在任何时候安全都是第一位的，关于这一点父母的担心不无道理。必须重视孩子要自杀或者自残的威胁，有很大比例的青少年自杀是激情式的，因一瞬间的冲动所导致。关于如何保证安全的话题，三言两语难说清楚，建议父母参考有关预防青少年自杀方面的专业心理学知识指导自己。必要的时候还需要请预防青少年自杀方面的专家，咨询指导。

第二，获得权力。父母必须重新获得权力，才能实现教育目标。参考前文权力的来源，找到重新拿回权力的办法。我遇到过很多父母希望我给他直接的建议，简单讲就是具体怎么做。事实上，没有一种万能的方法适合所有的人，那种很热衷于给父母出主意，或者很随意就承诺可以达到良好效果的所谓专家，通常是不负责任的江湖术士。所以父母必须利用自己的智慧，探索解决问题的办法。大多数父母在此时是需要心理专家的帮助的，所以识别专家真伪，也是父母的一项重要工作

第三，纠正观念。孩子在家获得了不应有的权力，其观念已经扭曲。我见过一些孩子，把诚实、自立、责任、努力、尊重等等这些观念都抛之脑后。为了实现自己的目的，不惜说谎、欺骗父母，给父母开空头支票，做虚假承诺。他不认为自己应该自立自强，生活上完全依靠父母照料，专心娱乐。对自己的未来漠不关心，对父母对家庭漠不关心，拒绝承担任何责任。放弃学习，放弃努力，同时也拒绝工作，稍不如意就闭门不出。对父母毫无敬意，随意谩骂，甚至殴打父母。因为其扭曲的观念，孩子在做以上的事情的时候，毫无愧疚感。纠正孩子的扭曲观

念，只是语言劝说并不能解决问题。一边被孩子骂，一边给孩子做饭，一边说不能上网，一边续缴网费的家长，是无法纠正孩子扭曲观念的。必须以语言对语言，以行动对行动，让孩子承担他非理性行为的后果。行动是最有力的语言。

第四，获得掌控。父母获得对孩子的掌控，孩子获得对学习的掌控。做到以上三步，父母已经获得掌控了，但是事情还没有就此完结，必须看到孩子面临的现实困难。孩子表面上的各种非理性行为，并不代表他们是一个强悍的人，相反他之所以在家要称王，正是源于内心的虚弱。因为对生活、学业或人际交往方面失去掌控感，又无法承受来自父母的教管压力，他们选择了不讲理式的反抗。换句话说，是因为深深的习得性无助，才导致他放弃学业，沉迷游戏，继而和父母激烈冲突。生活、学业或人际交往失败是因，沉迷游戏是果。必须看到这一点，才能理解孩子内心深处最大的伤痛之所在。帮助孩子克服习得性无助，获得掌控感，才能让孩子的生活回到正轨。但是孩子遇到的困难不是只靠意志坚定就能解决的，他需要时间、方法和策略，甚至还需要一些外界的谅解和支持。父母的任务就是发现孩子所需，并想办法给孩子提供帮助。

家庭会伤人：父母的过错

父母的焦虑

今天的父母最主要的情绪，无疑是焦虑。造成父母焦虑的原因很多，比如竞争的压力。有一句流行说法是不要输在起跑线上，必须承认，今天孩子面临着残酷的竞争，无论老师是不是把孩子的排名发布出来，无论有没有月考，无论小学生学不学英语，最终中考和高考两个考试都摆在那里，如果不想提前放弃，就必须努力争先，对家长来说这是不能否认的事实。比如高期望，人为设定了一个很高的目标，结果父母和孩子都很难达到，造成长时间焦虑。比如，急于求成，有一些做父母的人，发现小孩有问题了，总是寄希望于一夜之间解决它，然后就每天按照终极目标要求孩子，实际上，孩子的任何进步或者改变都是循序渐进的，孩子达不到父母的期望，引起父母的愤怒和挫败感，这也是焦虑。有的父母会说，现在都初二了，我能不急吗？实际上，无论时间多么紧迫，欲速则不达的道理都是不变的。到头来解决问题的还得是耐心和合适的方法。再比如，不合理的思维，孩子和异性同学关系好就是谈恋爱了；我孩子成绩不好是手机害的；成绩好的就是好孩子；不布置额外的作业孩子成绩上不去；把电子产品收掉成绩会上去；没按时回家是出去玩了；老是出去玩就是谈恋爱了；孩子成绩不好自己一点错都没有；所有评价标准就是看成绩；孩子成绩好自己就有面子。焦虑的根源不胜枚举，总之父母很焦虑。

我曾发现一个关于父母焦虑的心理模型，"愿望落空—焦虑—行为失调"，愿望落空是第一步，焦虑是第二步，行为失调是第三步。因为个性、认知特点、对自己的教育角色定位、家庭关系等方面的综合影响，父母内心会有很多愿望。其中有一些愿望是关于孩子的，而一旦孩子的表现不尽如人意，就可能引发父母焦虑，长时间焦虑，就会想办法做点什么事缓解，这时候问题就来了。于是有些家长就进入了一个循环，"焦虑，失控，后悔"，一轮一轮重复，父母在情绪失控的时候会做些什么，每个人都可以对照自己，诚实地写下来。

尽管根源是父母的焦虑，但是看起来总是孩子没做好，是孩子犯错了，他只能接受来自父母的压力。有些"懂事"的孩子，还要反过来安抚父母的情绪。不知不觉孩子的心理就受到伤害了。

被忽视的孩子

因为各种原因，一些孩子生活在被忽视的家庭中，默默承受着内心的煎熬。一个读高一的学生告诉我，她在家里就像是寄人篱下的那个人，她父母会带姐姐和弟弟出去吃饭，把她一个人留在家里，这时候她必须自己解决这一餐，因为父母不会打包回来给她。她和姐姐有矛盾，父母会骂她，她和弟弟有矛盾，父母依然骂她。因为父母对姐姐和弟弟的偏爱，他们经常联合起来欺负她，事后那两个人还会恶人先告状，父母又来骂一顿，而她早就知道，所有的解释都没用，因为父母不会听她的任何理由。她不明白父母为什么会这样，经常想自己是不是被领养的，但是她知道，她是他们生的。她之所以能继续读书，是因为她想通过读书将来考大学永远永远离开那个毫无温暖的家。她的父母本意是不想她读书的，无奈她姐姐和弟弟都已经辍学，在亲戚们舆论的压力下，她父母还是勉强支持她，但是她并不知道这种支持能到什么时候。这是一个真实的案例，说实话我不确定现在这个孩子是否还健康地活着。必须承认，有些人性格有严重缺陷，他们也为人父母。总有那么少数人偏爱某个孩子对其他孩子很冷漠，甚至敌视，甚至只有一个孩子，他们也视为累赘，不愿意承担抚养的责任。生活在这样的家庭中的孩子是不幸的，他们的遭遇令人心疼。他们在父母那里受到的伤害，需要花一生的时间治愈。

离婚的影响

离婚不能算父母的过错，但是父母离婚会对孩子心理产生负面影响。在现实生活中，离婚是不可避免的，但是由于离婚而造成的子女在心理、道德行为上的问题，却不能被忽视。父母离婚的孩子容易产生强烈的自卑感、被遗弃感、怨恨感等消极情绪。一些孩子在父母离婚的过程中以及离婚后，表现出胆小怕事、孤僻、易怒、走极端、不相信人等特点，这些消极情绪将作用于他们与同伴的交往活动，最终影响到他们的人际交往、同伴关系，造成他们与人交往相处能力的下降，结伴难度的增大。由于家庭的破裂，导致家庭教育的残缺不全，生活在单亲家庭中的子女往往缺乏较好的生活教养和学习上的指导，同时由于破裂家庭给他们心灵蒙上一层阴影，致使他们丧失生活和学习上的信心，在行为上具有较多的逆常表现，如易怒；与父亲或母亲产生强烈的对抗情绪；由于感受不到家庭温暖而容易受到外界不良行为的影响，行为的反社会倾向与对立情绪比较严重等。也有的离异父母抱着补偿子女或者视子女是今后生活的包袱等心理来处理与子女的关系，致使子女在性格形成中，出现多种性格缺陷。有很多孩子，不愿意别人知道自己父母离婚，小心翼翼地保护着这个秘密。他们的心灵上受到的创伤有很长时间的持续性，难以平息和恢复。

尽管父母离婚给孩子带来不可避免的伤害，但是并不能认定父母不离婚对孩子就是好的。那些常年生活在父母冲突中的孩子，心理受到的伤害更大，他们甚至更希望父母离婚，而不是总在战争。

离婚后，有一些父母因为孩子的抚养费、探视权等问题，还会继续纠缠，甚至把孩子拉进来作为斗争的武器，被迫卷入父母的冲突是孩子的噩梦。父母负责任的做法是尽量避免在孩子面前流露自己的反常情绪和行为。让孩子明白父母离婚并不是孩子的错，离婚是父母的一种选择，可以消解某些孩子的自责心理。因为他们很可能以为是自己没做好，才导致父母离婚的。离婚后，允许孩子自由地同父亲和母亲交往，不强迫孩子站队，对孩子来说双方都是亲人，对谁的背叛都会在心里产生自责。放弃抚养权的一方，主动联系和探视孩子，及时给孩子抚养费，孩子就不容易有被遗弃的感觉。尽管离婚令人遗憾，但是如果父母能在离婚后，理性相处，就可以把对孩子的伤害降低到最小。

家庭伤害孩子的方式不能历数，受到家庭伤害的孩子不胜枚举。要想给孩子一个温暖安全的家，父母最好的做法是放弃家长作风，保持一颗永远谦卑的心，勇于反省、坚持学习和乐于倾听。放弃家长作风，不能说我是老子就得听我的，家庭要讲情更要讲理。如果有人说家不是讲理的地方，这个人就是一个不讲理的人。本文尽量回避"家长"这个词，而用"父母"这个词，意即于此。因为家长总暗示着有先天的权力，而父母只是一个生物学意义上的词汇。保持谦卑很重要，没有人永远是对的，尤其在教育孩子这方面，每个父母都有很多知识需要学习。

勇于反省，上一代传下来的教育理念会变成一种无意识扎根于自己的心灵，必须把其中不合时宜的部分找出来，摒弃掉，与时俱进，接受新思想。没有任何一件事可以代替学习，学然后知不足，教然后知困，父母在教育上的失败，绝不会因为知识丰富，一定是因为见识贫乏。最主要的是乐于倾听，鞋是否合适，脚最清楚，花一些时间，倾听孩子的思想和感受。尤其要听孩子表达出的不满，有则改之，无则加勉。对于爱人的意见、父母的意见、朋友的意见、孩子老师的意见也不能一笑了之，或者嗤之以鼻。他山之石，可以攻玉，如果你不是错得很极致，别人不会好为人师。

改变是困难的，但是不变更难。首先，你必须承认你的家庭就是偶尔会出问题；其次，每个人都会出错，允许犯错并相信会有转机；然后，下决心做些改变；最后，采取行动。其实改变就这么简单。

家庭的功能

父母的教养方式

孩子在不同的家庭中成长，一些父母呵护并保护孩子；另一些父母对孩子很严苛；还有的父母忽视对孩子的养育。儿童心理学家戴安娜·鲍姆林德认为，合格的父母既不应过分惩罚孩子，也不应不闻不问。父母应该为孩子订立规则，同时给予孩子支持和保护。父母是否成功扮演了角色，体现在教养方式上。父母的教养方式可以分为四种类型。

专制型父母，特点是低温暖，高控制。对孩子的情感关怀比较少，管制比较苛刻。专制型父母的主要角色是限制并惩罚孩子，主张孩子听从父母的安排，尊重父母。这种家庭中长大的孩子，往往社会交往能力较差，比较容易产生焦虑，沟通能力不强。

忽视型父母，特点是低温暖，低控制。忽视型父母扮演了一个对孩子的生活漠不关心的角色。忽视型的父母不愿和孩子建立亲密的关系，也不愿承担父母的责任，孩子长大了会缺乏自制力，不能很好地独立生活，而且缺乏追求成功的欲望。

放任型父母，特点是高温暖，低控制。溺爱，对孩子特别好、有求必应，孩子做什么事都可以。放任型的父母扮演着一个矛盾的角色，他们极其关心孩子的生活，充分满足孩子的物质需求，关注身体健康，但是对孩子的行为却很少加以限制或约束。孩子可以为所欲为、任意行事，父母以为爱护和放任可以培养孩子的创造力，其结果是孩子任性，缺乏控制自己行为的能力，处理社会冲突时没信心。

权威型父母，特点是高温暖，高控制。权威型的父母在子女面前表现出充分的关爱和包容，同时也有明确的原则和权威。权威型目前来看被证明是比较好的一种父母类型，权威型父母的主要角色是鼓励孩子独立，但仍然限制并控制他们的行为。孩子在家行动和讲话都比较自由，父母愿意与孩子交流观点，给孩子指导多于限制。权威型父母教育出的孩子交往能力强，尊重自己也尊重别人，比较自立，遇到事情可延迟满足。

孩子的心理健康水平和父母的教养方式有直接关系，心理健康水平决定人一生的幸福和成就。权威型的父母是孩子最理想的伙伴，这样的父母对孩子倾注爱和心血，鼓励孩子进步成长，但是不过分限制孩子，允许孩子独立又不会无原则纵容。但是做一个权威型父母也充满挑战，这需要父母有足够的爱心和足够的耐心，同时还要有比较健全的心理和性格。权威型父母未必是受过高等教育的人，在中国的传统社会，有很多没有受过教育的人，最终成了权威型父母，他们培养出非常杰出的孩子。能否成为权威型的父母，主要取决于父母的性格，但是性格也是可以自己努力塑造的，通过不断反省和学习，人可以完善甚至改变自己的性格。

在很多时候，做专制型父母对人都有很大的诱惑力，毕竟拥有绝对的权力，令行禁止，是一件很愉快的事情。但是如果考虑到孩子的未来，父母还是应该放弃自己短时间的心理愉悦感。有些父母并不想放任孩子，但是因为生活所迫，因为工作的原因，有些父母实际上成了放任型的父母。我不能批评这类人，毕竟谁的生活都不容易，家家有本难念的经，但是考虑到放任的后果，父母还是要分一些精力在孩子身上。毕竟教育失败的后果，最终一家人都要承担。不关心孩子的父母是失职的，怎么批评都不为过。但是考虑到这些人大多是因为自身有心理健康或人格缺陷方面的困扰，尽管要批评，同时也要给予同情。

家庭的功能

家庭最重要的功能是给孩子足够的安全感。

心理学家马斯洛提出人的基本需求依次为，生理需求、安全需求、爱与归属需求、尊重需求、认知需求、审美需求和自我实现需求。当生理需要被大部分满足之后，安全的需要就出现了，个体变得越来越对寻求环境的安全、稳定和保障感兴趣，可能产生了发展某种结构、秩序和某种限制的需要。个体变得忧虑起来，不是与饥渴这样一些需求有关，而是和他的恐惧和焦虑有关。心理的安全感指的是"一种从恐惧和焦虑中脱离出来的信心、安全和自由的感觉，特别是满足一个人现在和将来各种需要的感觉"。

安全感是决定心理健康的最重要的因素，可以被看作是心理健康的同义词。缺乏安全感的人往往感到被拒绝，不被接受，受冷落，或者受到嫉恨、受到歧视；感到孤独、被遗忘、被遗弃；经常感到威胁、危险和焦虑；将他人视为基本上是坏的、恶的、自私的，或危险的；对他人抱不信任、嫉妒、傲慢、仇恨、敌视的态度；悲观倾向；总倾向于不满足；紧张的感觉以及由紧张引起的疲劳、神经质、噩梦等；表现出强迫性内省倾向，病态自责，自我过敏；罪恶和羞怯感，自我谴责倾向，甚至自杀倾向；不停息地为更安全而努力，表现出各种神经质倾向、自卫倾向、自卑等；自私、自我中心。而具有安全感的人则感到被人喜欢、被人接受，从他人处感到温暖和热情；感到归属，感到是群体中的一员；将世界和人生理解为惬意、温暖、友爱、仁慈，普天之下皆兄弟；对他人抱信任、宽容、友好、热情的态度；乐观倾向；倾向于满足；开朗，表现出客体中心、问题中心、世界中心倾向，而不是自我中心倾向；自我接纳，自我宽容；为问题的解决而争取必要的力量，关注问题而不是关注于对他人的统治；坚定、积极，有良好的自我估价；以现实的态度来面对现实；关心社会，合作、善意，富于同情心。

在幼儿时期孩子完全依赖于父母。孩子的生理需求、安全需求、爱与归属需求、尊重需求、认知需求、审美需求和自我实现需求如果能被充分满足，孩子就会发展出有安全感的心理。相反，如果孩子的需求不能得到满足，孩子就会发展出缺乏安全感的心理。从培养心理健康的孩子的角度评估，是否给孩子足够的安全感，是评价父母教育成功和失败的第一标准。

家庭的第二个重要功能是让孩子有归属感。

当孩子在家里感觉有安全感、被爱，对家有高度的认同，他就有归属感。生活在有归属感的家庭中的孩子，能感受到被关注。父母总是能注意到孩子的存在，注意到孩子的各种情绪，并且愿意安抚他，孩子在家里不是可有可无的人，他是重要的家庭成员。他还会感受到被支持，即便是一个小愿望，也会被父母重视，父母支持他做自己喜欢的事，看喜欢的书，玩喜欢的玩具。当然这和溺爱不同，并不是说所有的愿望都会获得父母的支持，但是孩子知道，父母即便拒绝，那也只是因为父母的原则如此，而不是因为父母对自己没有爱。孩子能感觉到被尊重，父母愿意听孩子说话，愿意理解孩子的观点，并不会因为孩子小，就不被重视。父母会惩罚孩子，但都事出有因，不是因为父母要在孩子身上发泄情绪。他会被批评，但是不会被讽刺、嘲笑和挖苦。父母的批评是就事论事的，并不会因为孩子没做好事情而贬低他的人格。父母接纳孩子，无论考试分数高低，都把孩子当成宝贝，尽管父母也会因为辅导功课偶尔情绪失控，但那只是针对写作业这件事情而已。父母从不会嫌弃孩子，不会把孩子当成自己的累赘。孩子喜欢和父母分享自己的感受和经历，在遇到困难的时候，知道父母会无条件帮助自己，他喜欢待在家里，因为这就是他自己的家，他有足够的归属感。

家庭的第三个重要功能是给孩子价值感。

人们说一个人自我感觉良好，是说他有很高的自我价值感。自我价值感代表一个人喜欢自己的程度，也代表一个人相信自己的程度。自我价值感高的孩子，充满自信，做事积极进取，充分相信自己的才华，即使失败了，他也不会就此消沉，他只会去找没有做好的原因，而不会否定自己的价值。而低价值感的人则非常痛苦，他不相信自己，不喜欢自己，做事犹豫，害怕失败，因为失败就验证了自己无能。孩子是否有高的自我价值，和父母的教养方式有直接关系。父母对孩子的鼓励、关爱、接纳是孩子获得高价值感的来源。另外对孩子的宽容也非常重要，允许孩子犯错，即使孩子没做好，也不会苛责孩子，父母做得更多的是教导而不是管束。父母相信孩子，给孩子很高的期待，孩子从小就产生出一种我能行的信心。高价值感的人是乐天派，可以成功也可以失败，无论如何他都不会抑郁。

家庭的第四个功能是给孩子创造希望。

在谈希望这个话题之前，我先讲一个父母可能知道的神话故事。普罗米修斯从宙斯那里盗来火种送给人类，激怒了宙斯，他严厉地惩罚了普罗米修斯。惩罚了普罗米修斯后，宙斯余怒未消，他决定给人类一个教训，要送给人类一个为之兴高采烈又导致厄运降临的不幸礼物，作为人类获得火种的代价。在宙斯的授意下，火与锻冶之神依照女神的形象做出一个可爱的女人；再命令爱与美女神阿芙洛狄忒淋上令男人疯狂的激素；赫拉赐予她自信与自尊，女神雅典娜教她织布；神的使者赫尔墨斯传授她语言的天赋；接下来宙斯在这美丽的形象背后注入了恶毒的祸水。一个完完全全的少女终于完成了。众神帮她穿好衣服，戴好发带，项配珠链，娇美如新娘。汉密斯出主意说："叫这个女人潘多拉吧，是诸神送给人类的礼物。"众神都赞同他的建议。古希腊语中，潘是所有的意思，多拉则是礼物。"潘多拉"即为"拥有一切天赋的女人"。

潘多拉被创造之后，宙斯就命令赫尔墨斯把她带给普罗米修斯的弟弟"后觉者"伊皮米修斯。因为他知道普罗米修斯是先知不会接受他送的礼物，所以一开始就送给了伊皮米修斯，这个后知后觉的人。伊皮米修斯生性愚钝，再加上潘多拉的美貌与诱惑，就接受了她。

普罗米修斯曾警告伊皮米修斯，千万不要接受宙斯的礼物，尤其是女人。而伊皮米修斯就跟其名字一般，娶了潘多拉之后没多久，就开始后悔了。因为潘多拉最大的缺点就是好奇心了。从结婚以后，她就不断地想打开众神送的小盒子，而伊皮米修斯却要时时刻刻地提防她的好奇心，因为他知道盒子里的礼物未必都是好的。有一天，潘多拉的好奇心战胜了一切。她等伊皮米修斯出门后，就打开了盒子，结果一团烟雾冲了出来，诸神的礼物全都从盒子里往外飞，这里面包含了幸福、瘟疫、忧伤、友情、灾祸、爱情等等，在潘多拉打开盒子以前，人类没有任何灾祸，生活宁静，那是因为所有的病毒恶疾都被关在盒子中，人类才能免受折磨。潘多拉害怕极了，慌乱中，潘多拉及时地盖住盒子，但一切都已经太迟，盒子内只剩下了"希望"。

故事讲完了，书接上文，其实每个孩子的心里都住着一个潘多拉。他来到这个世界上，充满好奇，什么都想尝尝，什么都想看看。但是这个世界上偏偏又有那么多的禁忌，要学习，要考试，不能早恋，不能贪玩。禁区总是吸引着涉世未深的孩子，他总想趁大人不注意的时候，突破禁区去畅游一番。父母则像唐僧一样每天念叨咒语："考不上好大学就找不到好工作，找不到好工作，人生就完蛋了。"坏事已经发生了，如果再没有希望，一些孩子就彻底放弃了。我听一个学生说过，没有什么比被父母放弃更痛苦了。因为成绩不好，他在家里就像一个罪人一样，像一个多余的人。而他又无法依靠一己之力解决目前的困境，那种绝望感，时刻提醒他活着真累。所以一定要给孩子创造希望。

人非圣贤，孰能无过。当发现孩子犯了错，错过了一些时机，做错了一些事情，父母要批评他，甚至要惩罚他，但批评和惩罚过后，一定还要帮帮他。做孩子的盟军和友军，不要只做孩子的监军和敌军。当然，不能希望每个父母都成为教育家，但必须给孩子关爱和支持。尤其在孩子深陷困境的时候，说些温暖的话，伸出援助之手，给孩子创造希望。

解决家庭冲突

孩子的问题不等于父母的问题

生活中有一些人认为，"孩子的问题都是父母的问题，孩子本身没有问题"，还有人认为，"孩子是复印件，父母是原件，要想改变孩子必须先改变父母"。有些做父母的人听信这些意见，发现孩子出了问题，认为所有责任都是自己的，原因都在自己，自己改变了孩子就变了。这实际上是父母的"自恋"或者说"自负"的延续，过于认为自己全能，以为自己可以控制一切。这是非常错误的认识。

事情的发生有直接原因、间接原因，有远因、有近因，有主要原因、有次要原因。一个中学生放学回家打游戏而不写作业，和他在小学时候妈妈的溺爱是有原因的，但这是远因，间接原因，次要原因，还有近因，直接原因和主要原因要寻找。所以从认识的科学方法上来说，不问青红皂白，不分具体原因，不做具体分析，简单的一句"我相信父母变了，孩子就变了"，这是毫无依据的。

人具有主观能动性，会按照自己的意志做选择，所有人都概不例外，无论父母还是孩子。环境、道德和法律是影响人的选择因素，但不能剥夺人的选择，就是这个道理。一母生九子，九子各不同，也是这个道理。面临同样的环境压力，不同的人会选择不同的应对方式，可以理解为人"选择了自己的生活方式"。作业认真做还是应付做，上课认真听还是应付听，打游戏还是做运动，都是孩子依据多种原因选择的结果。

父母的改变，对一些孩子的改变是必要条件，但父母改变绝不是孩子改变的充分条件。这并不是说在孩子出现心理或者行为问题的时候，父母的改变没有意义，相反父母的改变也非常重要。事实上的确有很多孩子的心理或者行为问题，是与父母的心理、性格缺陷和教养方式不当有关。父母不能逃避责任，但同时也要看到孩子的责任。孩子吃饭拉肚子，父母改善饭菜的卫生是对的，但是药还得孩子自己吃。

引发冲突的原因

人都希望家庭和睦，但是冲突也不可避免。冲突尽管不能避免，但是可以被识别和管理。引发家庭冲突的主要原因有四种：批评、无理要求、拒绝和积累的愤怒。

批评是常见的引发冲突的原因。有些孩子嫌父母唠叨，唠叨的内容大部分就是批评。批评分两种，一种是建设性批评，一种是破坏性批评。建设性批评的特点是维护被批评人的自尊，发生在恰当的环境中，以进步为导向，互动式的，能够传递帮助信息。每个人都有维护别人自尊的义务，父母对于子女也不例外。有些父母认为自己的动机是好的就口不择言，还有的人信奉刀子嘴豆腐心的说法，这都是不对的。豆腐心、金子心都没有道理非要刀子嘴。有些父母会说孩子将来会理解自己的苦心，这也是有问题的，为什么不让孩子现在就懂，而是要到将来呢。还有就是批评时机的选择，有一种说法叫教子七不责，我列举一下：对众不责。在大庭广众之下，不要责备孩子，要在众人面前给孩子尊严；愧悔不责。如果孩子已经为自己的行为感到惭愧后悔了，父母就不继续责备他；暮夜不责。晚上睡觉前不要责备孩子，免得影响孩子睡眠；饮食不责。正在吃饭的时候不要责备孩子，不伤害孩子胃口；高兴不责。孩子特别高兴的时候不要责备孩子，不破坏兴致；悲忧不责。孩子心情沮丧的时候不要责备他，要与他共情；疾病不责。生病是人最脆弱的时候，给孩子关心和温暖。另外，批评孩子的目的是为了进步，并且允许孩子解释说明，让孩子能意识到父母的批评意在帮助他，这样的批评就属于建设性的，不容易引发冲突。而破坏性批评，则全然不顾以上的各种情况，破坏性批评表面上看也是有一个合理的理由，但是其实质是想表达批评者的愤怒甚至憎恨。因此容易引起冲突。

无理要求、拒绝和积累的愤怒会引起家庭冲突。孩子要求长时间玩手机或电脑，会引起父母不满，这时如果孩子不愿放弃，就容易冲突。孩子要给游戏充值，买很贵的鞋子，或者要买其他父母不同意买的东西，这些在父母眼中都是不合理的消费，自然会拒绝。这时候就可能激发孩子的愤怒，冲突就不可避免了。沮丧和愤怒感是逐渐积累起来的，"你总是这样"，是让人很有挫败感的。

有一些人在家里和在外面是完全不同的两种形象。在外面温文尔雅，心气平和，含蓄包容，风趣幽默，但是到了家里就变得言语粗鲁，易躁易怒，吹毛求疵，古板寡言。通常他在家里的形象不为外人所知。这种家庭冲突比较隐蔽，很多时候都以家庭秘密的方式存在。生活在这样的家庭中的孩子，通常也会形成矛盾的心理和性格。

结束冲突的方式

如果有机会观察家庭里的冲突就会发现，有些冲突过后家人之间亲密如初，有些冲突过后家人之间互相憎恨，有时候因为一件事冲突反反复复没完没了，有些冲突过后某件事就得到解决了，其中的不同，取决于每次冲突不同的结束方式。

第一种结束冲突的方式，未完待续。我之所以把这种结束冲突的方式叫未完待续，是因为父母或者孩子在冲突中并没有解决任何问题，就有一方退出了。比如孩子生气地回到自己的房间，拒绝出来，留下生气的父母在客厅，无可奈何。当然也有的时候是孩子想说，而父母摔门而去。因为观点并没有达成一致，所以冲突的根源还在，这种冲突必将还会继续。有时候父母或者孩子家庭关系有一种不现实的预期，比如父母认为孩子应该更乖，更听话，更快写完作业。而孩子认为父母无权干涉自己那么多，结果是都理想化了对方。但实际上，所有理想的状态都是通过现实的不懈努力慢慢创造出来的。冲突是增进彼此了解的机会。未完待续式的冲突结束方式也有其好处，就是可以使双方都从气头上冷静下来，有时间检省自己的行为。

第二种结束冲突的方式，一方完胜。发生在父母和孩子身上的冲突，并不一定是均势的。有时某一方更有力量，或者某一方更坚定自己的立场，那结束的方式就可能有一方完胜。有一个学生和我说，她妈妈神经质，生气的时候说任何话绝不允许她辩解或者反驳，如果她反驳就没完没了。有一次到凌晨三点钟，也不管她第二天是不是要上学，不让她睡觉，非要她把问题解决了，其实就是要承认自己错了，而且态度还要真诚。她很沮丧，因为和妈妈完全没有办法交流。另外一个例子则相反，有一个孩子要求父母给他游戏充值，并且不允许父母干涉他上网的时间，否则他就在家砸东西、吵闹、哭泣、叫喊、哀求、自残，威胁自杀，用尽各种手段，不让父母安宁，直到父母让步。当一方坚定不移地追求自己的目标的时候，另一方暂时息事宁人，冲突可以结束。但是对于息事宁人的一方来说，不免会失望、沮丧和压抑。最终的结果是彼此伤心疏离。

第三种结束冲突的方式，各退一步。当父母和孩子都意识到，自己的愿望不可能完全满足的时候，就有协商的空间了。可屈可伸，知进知止，这是人际相处灵活的表现。在家庭生活中，本没有那么多绝不可触碰的原则。很多人所坚持的正确，不过是来源于原生家庭中的某些未经审查的信念。如果父母和孩子都能放弃理想化，以更现实主义的、务实的方式协调互相冲突的观点，就可以各退一步，达成妥协。双方尽管都不是完全满意，但都可接受，并且每个人都得到了应有的尊重。比如孩子中考结束后要去染发，父母认为学生不应该染发，但是孩子坚持要去。最终商量的结果是，不允许染白色和绿色，而且高中开学前要染回黑色。这就是一种各退一步的结束冲突的方式。

第四种结束冲突的方式，两全其美。有一些冲突是可以用两全其美的方式结束的，比如孩子和父母说想换个好一点的手机，父母提出要求，期末考试如果达到某一水平就换一个。孩子想要手机，父母想要成绩，愉快决定。再比如说父母要求孩子陪自己出去见朋友一起吃饭，孩子提出说可以，但饭后如果没有别的安排，去看一场电影，愉快决定。再比如有个孩子希望放学后先出去玩一会儿，再回来写作业，妈妈不同意，妈妈要求先写作业。最终协商的结果是，孩子自己决定先玩还是先写作业，但是作业必须保证质量在十点前写完，不耽误睡觉，违反一次，就得按妈妈的要求过一周，愉快决定。只要父母和孩子都能在考虑自己的愿望的同时，也愿意满足对方的愿望，冲突就容易找到两全其美的解决办法。

第五种结束冲突的方式，各美其美。冲突是人与人之间的不相容引起的，是兴趣、观点、意见相左的人在一起互相适应的过程。如果父母的性格具有高度的包容性，同时又能做到有原则，那么家庭中所有的冲突都将是促进理解，增进感情的。如果能理解庄子之说"暗而不明，郁而不发，天下之人，各为其所欲焉，以自为方"的道理，就可以避免狭隘和偏执。能理解著名社会学家费孝通之言，"各美其美，美人之美，美美与共，天下大同"的含义，就可以消除子不类我的焦虑。如果能理解孔子所云"君子和而不同，小人同而不和"的准则，就能接受批评和质疑。结束冲突最好的方式，是父母和孩子在精神层面增进了解，拉近心理距离，在家庭里每个人都可以成为那个想成为的自己。

毫无疑问，每一种冲突都可能在生活中存在。能做到各美其美是最终目标，其次两全其美，再其次各退一步。当然必要的时候一方完胜，和未完待续也是必需的，因这样至少可以在不能达成共识的情况下，避免激化矛盾。健康幸福和睦的家庭，必然是心理健康人格完善的人所建设出来的。所以为了家庭和睦，也为了每个人幸福，父母还有孩子都要鞭策自己不断学习，不断反省，不断进步。

~ 第六章 ~

家校配合

Chapter 6

实践证明，父母和学校保持通畅的交流，互相交换信息，成为一种互相配合的伙伴关系，对孩子的发展是有利的。所以无论多么忙，父母都有必要拿出一些时间和学校配合一起教育孩子。

家校配合

教育者的囚徒困境

设想有两个嫌疑犯被警察抓住，警察把他们分别关在不同的房间里，开始讯问。现在的规则是，如果嫌疑人甲和嫌疑人乙都不招供的话，警察没有证据，两个人都被释放；如果甲乙两人都招供，坦白从宽，各判五年监禁；但是如果甲乙两人其中一个人招供，另一个人不招供，招供的人将无罪释放，不招供的将判十年监禁。甲乙两人将如何选择？这就是著名的囚徒困境问题。

囚徒困境在教育中同样存在，设想两个家庭甲和乙，如果两个家庭的父母都不教育孩子，结果是两家的孩子都在一个水平线，都在较低的起点；如果两个家庭都教育孩子，结果一样两家的孩子也都在一个水平线，但都在较高的起点；但是如果一个家庭教育孩子，而另一个家庭不教育孩子，那教育孩子的家庭将在高起点，而不教育孩子的家庭在低起点。那么对于这两个家庭来说，如果希望孩子将来更有出息，要做什么选择呢？当然是谁都不能放弃，这就是教育者的囚徒困境，也是内卷的根源。在这场博弈中，谁先放弃即意味着可能输掉了孩子的未来。

家校配合

　　孩子的成功是家庭和学校合力教育的结果，是家庭和学校配合的结果。有一次一个农村的小学老师和我说，在农村最难教的是那些父母在外打工的人家的孩子，有些孩子的父母老师联系不上，即使联系上了，他们也会说自己忙、不在家管不了孩子。这些孩子只想着在农村长大了，将来也出去打工，眼前只顾着玩，对学习没有兴趣。而那些父母没有出门打工的家庭，孩子则好教育多了，因为孩子的父母会督促管教孩子，至少会要求孩子把老师留的作业认真完成。这个老师说他很为那些农村的父母外出打工的孩子担忧。

　　实践证明，父母和学校保持通畅的交流，互相交换信息，成为一种互相配合的伙伴关系，对孩子的发展是有利的。父母和学校形成合力对孩子进行教育，使学校在教育学生时能得到来自父母的支持，而父母在教育子女时也能得到来自学校方面的反馈和指导。所以无论多么忙，父母都有必要拿出一些时间和学校配合一起教育孩子。来自父母的关爱、期待、教导和管束，是老师不能代替的，因为那代表着家庭的温暖和关爱，信任和支持，代表着父母没有放弃的坚持和信心。

对老师的期望与理解

批评是老师表达爱的方式

我曾经遇到过这样一件事情，一个小学三年级的女生，上课说话做小动作，被老师口头批评没有效果，于是老师就要求她站起来听课。孩子回家后和父母说被老师罚站，父母就到学校投诉，要求老师停职，以孩子心理受到伤害为由，带孩子到几个城市去做心理鉴定，最后找学校要赔偿。说实话，我并不能确定上课被罚站就会给孩子心理造成伤害，但是老师的心理受伤害，却是一定的。

二十年前，我刚刚做心理咨询工作的时候，经常要给人做科普，解释什么是心理咨询，心理障碍和精神病有什么区别。二十年后的现在，我国的心理咨询行业已经有了很大的进步。尽管如此，对心理咨询和心理健康的误解还是非常普遍。表现为两个极端，一种父母完全不相信心理咨询，不相信孩子的心理会受伤，理由是自己小时候被父母打骂着长大也挺好的，没出什么心理问题。讳疾忌医，最后孩子从小小的心理障碍，演变成大大的心理障碍。另一个极端是不能有任何人给孩子哪怕一点点压力，总觉得孩子的心理会受到伤害。我常听家长问我："带孩子去看心理医生，会不会对孩子心理有伤害？"简直像绕口令一样令人费解。

生活中有些事情令情绪不大愉悦，但是对生存却大有裨益。我不反对表扬，我认为表扬非常重要。老师的表扬可以让学生增强信心，但老师的批评却可以让学生躲避危险。有些父母不懂得这个道理，把孩子当金枝玉叶一般对待，以为任何人的批评，都是对自己孩子心理的伤害，以至于对孩子过度保护。其不知，被过度保护的孩子，只听得到表扬听不到批评，他自己又不会辨识，以为自己真的很了不起，等到某一天遇到真正的困难，反而手足无措。

现代社会人们能听到批评的机会越来越少。孩子有错误，邻居看到了不会批评，同事知道了不会批评，只有老师看到了才会批评。从人的本性来看，闻过则喜毕竟是极少数的人，绝大多数人都习惯文过饰非。作为一个父亲，我也不能免俗，我也不喜欢老师批评我的孩子，但是理智告诉我，必须接受老师的批评，因为，批评是老师表达爱的方式。

孩子在学校不仅学习文化课，也要学习社会规范。世界上任何一个国家，任何一个社会，对犯错误的个体都有相应的惩罚措施。如果老师没有惩罚的手段，那么当学生违反纪律，劝说无效的情况下，老师要怎样开展工作呢？父母如果想明白了这一点，就不会过度维权。当然这并不是说老师惩罚学生的权力是不受约束的，如果老师确实做过分了，父母也要维护孩子的权利。

生活中的压力无处不在，普通的压力会让人不愉悦，但不会给人造成伤害。如果孩子不是遭受激烈的攻击，或长期经历忽视、情绪虐待、躯体虐待或暴力欺凌，是不会有什么心理伤害的。相反被过度保护的孩子，因为缺乏应对压力的经验，缺乏社会交往技能，反而容易产生心理障碍。对老师有合理的期望，给老师充分的理解，让老师毫无顾虑地履行职责，是最好的家校配合。

被特别优待的孩子

有一个道理我们每个人都明白的，那就是天下没有免费的午餐。有些父母辛辛苦苦，赚钱不易，却还不忘买礼物给老师，为什么呢？自然是父母有所求。我知道有些父母是害怕自己居于人后被区别对待，所以不敢怠慢，送礼只相当于买了个保险，自求平安而已。但是有些父母就不这样想了，他们想要的更多，比如把孩子调整到前排，比如想把孩子调到和学习好的同学同桌。想请老师上课多提问自己的孩子，平时多鼓励他，给他锻炼的机会，给他安排个职务或者奖项啥的，自然都是父母的诉求。简单一句话，想要被优待。

生活在被优待的环境里，对孩子的身心发展真的好吗？我先说一个例子，尽管不能以偏概全，但也是有其代表性的。我遇到过一个人，他父母都是级别比较高的领导，很长一段时间内走到哪里他听到的都是赞美和表扬，自己感觉非常好、特别自信，感觉自己是特别优秀特别受欢迎的那种人。直到有一天，他和班级里的一个同学起了冲突，那个同学说他是寄生虫，浑身上下名牌，但不是自己买的，要不是依赖他的爸妈，老师怎么会总表扬他，他根本就一无是处。这些话如晴天霹雳一般击中了他，他感到十分错愕。在那一瞬间，仿佛有电流击穿全身，他开始反思自己的真实价值。最后得出结论，那个同学说的才是他这么多年听到的少数真话之一。于是他就陷入了长时间的自我否定之中，最后发展成抑郁。他的父母不知道发生了什么，最终也不知道他陷入抑郁的真实原因。因为在父母眼中，自己已经为孩子做到了最好。

生活在父母的余荫和庇护下，听不到对自己真实的评价，是一些孩子的悲哀。以铜为鉴，可正衣冠；以古为鉴，可知兴替；以人为鉴，可明得失。但是如果人言都是恭维，镜子自带美颜，人又怎么能客观认识自己呢。所以这样环境中长大的孩子，非常容易在极端自负和极端自卑之间摇摆，遇到挫折，就很容易产生心理障碍。

有些父母喜欢瞒着孩子和老师交往，其实孩子并不喜欢他们这样做。家长以为很隐蔽，其实哪里有什么秘密可言。我还有一个学生，属于比较阳光自信的人。但阳光自信是别人看到的表面现象，在他的内心深处，隐藏着一种说不出的苦楚。因为他知道自己的父母和老师有比较密切的来往，以至于他每次在班级获得荣誉或者得到老师的表扬，都觉得有些不那么堂堂正正。尽管他知道自己做得也足够好，按正常竞争他也能得到这些荣誉。因为他就是那种长得比你好，家境比你好，比你聪明还比你努力的人。但他始终有一种见不得光的感觉。在他阳光的外表下，心头始终隐藏着一个阳光照不到的角落，那是他的黑暗之角。甚至因为这个阴暗之角，他对父母的感情很复杂矛盾，一方面，他觉得父母为自己做了很多，感觉很愧疚，要对得起他们；另一方面又隐藏着一种对父母的幽幽的怨恨。每次他忍不住了，就小题大做，找个理由和父母大吵一顿。然后平静一段时间，自责一段时间，再愤怒一段时间。然后再吵下一次，而父母始终不知道他们争吵的原因。

这让我又想起了另一个学生，这个学生在中考的时候，本来是凭借自己的成绩考进了一个很好的学校，但是他一直以为这个是父母找人帮忙的结果。以至于高中三年期间他一直觉得自己矮人一等。直到他考进大学，和父母提起这段往事，才知道其实当年父母找的关系根本没用上。父母插手，过度援助，让孩子们自己奋斗的价值受损，这才是最得不偿失的一件事。

我的观点很明确，父母要尊重老师，尊重老师的职业、尊重老师的人格、尊重老师的劳动。老师也是普通人，父母和老师建立好的私人关系，营造好的交流氛围，对于孩子的成长和教育不无裨益。但是如果家长的做法超出了范围，只想让老师优待自己的孩子，那结果可能不尽如人意。毕竟，优待也可能变成伤害。

尊师重道

经常有父母问我，我家孩子不喜欢他的数学老师，我想换个班可以不。且不谈在学校换班不是很容易的事，即便很容易，换班也未必能解决问题。一个孩子从幼儿园开始，到小学、初中、高中乃至大学，少说也得遇到一二十个老师，如果希望每个老师都喜欢自己，而自己也喜欢所有的老师，实际上是不可能的。

对老师的期待要合理，没有完美的学生，当然也没有完美的老师。有些父母没有意识到这个问题，当孩子回家说我们班同学都不喜欢数学老师的时候，父母就在想，是不是找学校把数学老师换了，或者换一个数学老师好的班级。其实数学老师换了，很可能孩子又不喜欢语文老师。老师和学生是互动的关系，任何一方释放出友善的态度，都会得到对方的回应。我认识一个英语老师，教学非常有热情，课堂上总是给学生讲一些扩展内容，学生听得有滋味，学习热情也高。后来他被一个学生和家长投诉，说他总讲一些不考试的内容，耽误孩子时间。再后来这个老师上课多一句话都不讲，照本宣科。老师也是普通人，普通人都有缺点，只要是一个胜任的合格的老师，都应该得到足够的尊重。

给老师充分的尊重。作为一个职业，老师需要被尊重。我遇到过这样的学生，他把自己当成消费者，公然和老师说，我交了学费你就得为我提供服务，你服务不好我就投诉你。我们可以想象一下，以消费者自居，这样的孩子能不能和老师相处好。在经济领域有一句话"消费者是上帝"，很多人深以为然。但人们有所不知的是，这句话只是一个广告商想出来的宣传语，实际生活中真是这样么？如果真有上帝的话，那也是创造者，绝不是消费者。以消费者自居的心理，实质上是没有认清自己的真实位置。任何时候对创造者都应该有足够的尊重，否则人类就不可能进步。

不能否认的是，确实有些老师能力、性格和心理方面都不令人满意。老师也可能有心理障碍，性格古怪，甚至做出违反师德的事情。遇到这样的老师，父母也需要本着保护孩子的出发点，酌情处理。

适合孩子的学校才是好学校

适合的学校

我并没有酸葡萄心理，并不否认有些好学校，确实有竞争优势。但是我要声明，所谓的好学校不一定适合你的孩子。据我所知，好学校的教学风格也是有很大的差别的，比如有的学校鼓励学生自学，有的学校留超量的作业，有的学校自由宽松，有的学校准军事化管理。不同管理风格的学校，适合不同性格的学生。

我遇到过一个学生，他初中在一个以严格管理和刷题写作业著称的学校就读，以非常高的分数考进了一所名高中。但是在新高中一年下来，他身心俱疲。我问他对学校的管理，哪方面不适应，他抱怨高中管理太宽松。没错，他是抱怨老师管理太宽松。我问他那他们学校学生的成绩怎么样，他说都是大牛。我又问他，既然教学效果好，说明老师宽松没啥问题啊。他说因为太宽松了，作业不多，他自己不知道学什么。后来才弄清楚，这个孩子因为初中时长时间刷题，自学的能力不足，他必须要有人给布置任务才知道一天要做什么。

还有一个孩子，他也是以非常高的分数，考进了一所名高中，但是还不到一个学期，他就坚决要求转学。原因是这个学校从高一开始，就每个月只放假三个半天。平时早晨六点多起床，晚上九点半晚自习才结束。他受不了这种单调的高压生活。

我以高中生为例，是因为对于绝大多数家庭来说，小学和初中对学校没有多少可选择余地。但是原理是相通的。当父母要选择一个名校的时候，一定要问自己几个问题：这所学校里学生的好成绩来自哪里，是因为老师水平高？生源成绩好？管理严格作业量大？还是放假少学习时间超长？抑或是其他原因？另外学校管理是偏严还是偏松？孩子的性格偏自觉还是偏被动？只有综合考虑，才能找到适合孩子的学校。

师父领进门　修行在个人

人与环境

　　我发现今天很多父母过分看重环境对孩子对影响，而忽视了孩子自身的道德品质的教育。在我国的文化中，有重视环境的传统。最典型的就是孟母三迁的故事，孟子的母亲，世人称她孟母。孟子小时候，居住的地方离墓地很近，孟子学了些祭拜之类的事，玩起办理丧事的游戏。他的母亲说："这个地方不适合孩子居住。"于是将家搬到集市旁，孟子学了些做买卖和屠杀的东西。母亲又想："这个地方还是不适合孩子居住。"又将家搬到学宫旁边。孟子学会了在朝廷上鞠躬行礼及进退的礼节。孟母说："这才是孩子居住的地方。"就在这里定居下来了。等孟子长大成人后，学成六艺，获得大儒的名望。君子以为这都是孟母逐步教化的结果。

　　环境固然是重要的，但是更重要的其实是人。环境是外因，人是内因。外因只是辅助，内因才是主导。我读书的时候，老师经常说师父领进门，修行在个人。必须看到人的主观能动性，看到人对环境的利用和改造。那么如何才能让孩子发挥主观能动性，让孩子在任何环境下都能洁身自处，自强不息呢？这就需要注重孩子心理健康方面的培养。

追求梦想

梦想，是对未来的一种期望，心中努力想要实现的目标。没有梦想，就会专注于当下的吃喝玩乐。做父母的需要问自己，我的家族有梦想么？家庭有梦想么？我有个人梦想么？孩子有他的梦想么？如果回答是无。那么你的家族将去往何方呢？所以谈梦想不能只谈孩子的梦想，父母一样要有梦想。梦想是一种远见，这种远见让人有目标和方向，所以才会把时间利用起来。没有梦想，人只会在原地打转，用尽办法消磨寂寞的时光。人的价值是由自己决定的，有梦想就去追求去行动，没有行动的梦想，只是空想。梦想未必能实现，但是它将指引孩子走向无限可能的远方。

我问过很多孩子，你的梦想是什么？多数人说不知道，少数人说考大学，极少数人说要做一件什么事情。老实说，这个问题的确有点难为孩子，因为他的见闻太少了，对社会不了解，怎么会知道自己喜欢什么，要追求什么呢。最初我也是这样想的，但是现在我的想法有所改变，我发现我们的生活中有太多不够完善、不够完美的地方，而改善这些不完美，就是一代一代人的目标。老骥伏枥，志在千里；烈士暮年，壮心不已。所以如果孩子愿意观察生活、思考生活，就会发现那些需要改善的事物，从中一定能找到一个你比较擅长又乐于投入的领域作为孩子的目标。当孩子有了目标，生活就有了方向，他的生命就会被点亮。

鼓足勇气

没有勇气比没有梦想还可悲，因为没有勇气将生活在恐惧的牢笼里。有一些孩子被过度保护，不敢冒一丁点儿风险。不敢探索、不敢犯错、不敢冒险、不敢闯荡、害怕未知、害怕改变、害怕批评、害怕失败、害怕冲突、害怕压力。很多父母并不知道孩子是这样的人，因为他在家里对父母是非常勇敢的。

勇气从哪里来？艺高人胆大，勇气来源于对自己能力的自信。胆大心细，勇气来自于周密的思考和判断。心雄胆大，勇气来源于雄心壮志。对孩子来说，勇气最主要的来源是父母的冒险精神，允许孩子探索，宽容失败，在孩子沮丧的时候给他鼓励。不要过度保护，不要过度援助，不要凡事代劳。以学习为例，非学无以广才，非志无以成学。除了课本上的知识以外，鼓励孩子开阔视野，广泛涉猎自然、历史、科技、人文方面的知识，孩子会从中获得启迪，增加自信和勇气。

自律自觉

有一些孩子必须在父母的监督下才会学习，一旦不被监督，就沉迷进游戏了。这都是没有培养出自律的结果。自控力好的孩子，不需要父母特别操心就把学习和生活安排得井井有条，自控力不好的孩子，每天需要父母监督，还经常和父母起冲突。提高孩子自控力的方法是教孩子做事有条理，行为有规矩，凡事考虑后果。有意识教孩子做事的方法和顺序，先做什么事，后做什么事。等孩子长大了需要自己规划时间，就有能力控制自己。自律的人自己制定规则，不需要外界的压力，自己可以遵守。做应该做的事情，而不单单做想做的事情。教孩子在做任何决策的时候，都要预测后果，做负责任的决定。

有个成语叫自学成才，自学的人必然有足够的自律和自觉。这些年培训机构特别发达，有些父母依赖于培训机构，放弃培养孩子自觉学习的能力了。这对孩子成长是非常不利的，因为一个连学习都被动的人，将来怎么适应工作，怎么适应不断进步的社会呢。不能自觉学习的孩子，即便是考进名校，也不能保证有美好的未来。古语说，父母之爱子也，则为之计深远。父母在教育孩子的时候，必须有远见。从更长远的角度规划教育目标，只有孩子真的具备自觉自律的良好品质，他才会在没有被监督的时候也不断前行。

承担责任

有人问我人的本性是勇于承担责任呢，还是趋于逃避责任？我的答案是那些在生活、学习、工作等方面取得成就的人，都是勇于承担责任的人，那些没什么成就的人是趋于逃避责任的人。当然也有些人勇于承担责任，但是缺少机遇或运气不太好，也没有取得多大成就。但是我没见过不愿承担责任，却取得很大成就的人。所以家长要问你自己，你想孩子将来成为一个什么样的人，是一个独立的、有能力保护家人、为别人创造价值的人，还是一个随波逐流的、不能照顾家里人的、剥削别人的人。这看似是一道选择题，其实答案只有一个，人不能逃避成为人的责任。什么样的孩子会乐于承担责任呢？他必须心中有爱。

心中有爱

爱人者，人恒爱之。爱，不是爱一个概念、爱一个口号，我是希望孩子爱人。只有孩子真诚地爱人，他才可能爱其他一切。爱人从哪里做起呢？就从身边的人做起，从父母、亲人和朋友做起，只有爱父母、亲人和朋友，才可能推近及远，对远方的陌生人也产生真爱。爱不是一种感觉，爱是一种行动。只是心中有爱的感觉还不够，需要把爱的感觉变为具体的行动，变为对身边的人乃至全人类，了解、关心、尊重、理解、信任和互动，孩子才真正做到了爱。胸中有誓深于海，肯使神州竟陆沉。心中有爱的人，会感受到无穷的内在力量，这种力量会让孩子在遇到各种巨大的困难之时，都不会被打倒，他会一往无前。有了爱，他将不被压力驱使，成为一个自由的人。